이뤄지는 생각들

이뤄지는 생각들

초판 1쇄 인쇄일 · 2013년 8월 1일
초판 1쇄 발행일 · 2013년 8월 7일

지은이 | 버트 헬링거
옮긴이 | 박이호
펴낸이 | 노정자
펴낸곳 | 도서출판 고요아침
편집장 | 이세훈
편　집 | 김상훈

출판등록 2002년 8월 1일 제 1-3094호
120-814 서울시 서대문구 증가로 29길 12-27 102호(북가좌동, 동화빌라)
전　화 | 02-302-3194~5
팩　스 | 02-302-3198
E-mail | goyoachim@hanmail.net
홈페이지 | www.goyoachim.com
인터넷몰 | www.dabook.net

*책 가격은 뒤표지에 표시되어 있습니다.
*지은이와 협의에 의해 인지는 생략합니다.
*잘못된 책은 교환해 드립니다.

ISBN 978-89-6039-532-9 (04160)
ISBN 978-89-6039-530-5 (세트)

이뤄지는 생각들

버트 헬링거 지음

박이호 옮김

고요아침

■ 들어가는 글

공명에 있는 생각들은 이뤄집니다. 존재하는 모든 것에 존재하는 대로 생각들이 공명하면, 그 생각들은 존재하는 대로 모든 것을 생각한 영적인 정신과 공명에 있습니다.

이 공명에서 우리는 영적인 정신의 움직임과 공명에서 생각합니다. 그 정신의 창조적인 움직임과 공명에서 생각합니다. 그렇기에 이 생각들은 이뤄집니다. 이 순간 이 생각들은 더 큰 어떤 것에 의해 생각되어지기 때문입니다. 우리는 이 생각들을 이 더 큰 것과 공명에서 생각합니다. 더 정확히 말하자면, 이 더 큰 것이 우리 안에서, 우리와 함께, 이 생각들을 생각하여, 이 생각들을 통해 우리를 봉사하게 데려갑니다. 이 생각들은 우리를 이 더 큰 것에게 이끌어, 우리는 이 생각들 안에서 이 더 큰 것과 하나임을 경험합니다.

이 생각들은 우리를 현명하게 만듭니다. 곧 이 생각들과 공명에서 우리는 어떤 것이 가능할지, 또는 도움이 될지, 또는 우리에게 이뤄지는 어떤 것이 움직이게 될지 압니다.

이 생각들은 선물로 주어집니다. 우선 이 생각들을 갖는 사람에게 선물로 주어집니다. 그 사람 안에서 그 생각들은 전에는 그 사람 생각 저편에 있는 것처럼 보였던 어떤 것을 움직이게 합니다. 그 사람의 가능성 밖에 있는 것처럼, 무엇보다 그 사람의 사랑의 가능성 밖에 있는 것처럼 보였던 어떤 것을 움직이게 합니다.

모든 것을 자신의 생각에 포함하는 이 더 큰 것, 이 정신과 공명에 있는 우리 생각들은 사랑의 생각들입니다. 그렇기에 이 생각들은, 이 생각들이 우리에게 선물로 주어지면, 우리 안에서 사랑에 봉사하는 움직임을 생기게 합니다.

이 생각들은 그 생각들처럼 우리가 넓게 되게 허락합니다. 이 생각들은 점점 더 많이 우리가 삶과 사랑에서 서로 존경과 사랑으로 향할 수 있게 합니다. 모든 것이 이 정신에 의해 움직여지는 대로 그리하여 그 정신에게 봉사하게 되는 대로, 모든 것을 향하는 사랑으로 향할 수 있게 합니다.

우리에게 이 생각들이 선물로 주어지면, 정말 무엇이 이뤄집니까? 우리에게 사랑이, 포괄적인 사랑이, 넓은 사랑이 이뤄집니다.

이 생각과 함께 지혜가 우리와 함께 합니다. 그리하여 우리는 지혜와 함께 합니다. 우리는 작용하는 지혜와 함께 합니다. 우리가 지혜에게 우리를 봉사하게 허락하는 어디에서나 작용하는 지혜와 함께 합니다.

우리의 생각들이 지혜의 생각들인지, 우리가 어떻게 가장 깊이 인식합니까? 우리의 생각들이 우리를 넘어 우리와 함께 다른 사람들을 존재하는 모든 것을 존재하는 대로 사랑하는 움직임으로 데려갈 때입니다.

■ 이 책에 대해

이 책은 어떤 의도도 없이 써졌습니다. 가끔 저는 어떤 것이 저를 사로잡는 걸 느꼈습니다. 그리하여 저는 그 순간부터 아무것도 할 수 없었습니다. 아주 급한 일이 있었어도 아무것도 할 수 없었습니다. 그래도 쓰지 않고 급한 일을 하려고 했습니다만, 헛수고였습니다.

결국 저는 책상에 앉아 쓰려고 준비했습니다. 그러나 자주 무엇에 대해 쓸지 알 수 없었습니다. 갑자기 한 단어가 떠오르자, 쓰기 시작했습니다, 어디로 이끌리는지 알지 못하고 쓰기 시작했습니다. 그렇게 첫 문장을 시작했습니다. 그러자 두 번째 문장. 그렇게 계속 썼습니다. 한 문장에서 다음 문장으로, 한 절에서 다음 절로.

쓰는 사이 저는 이 생각들이 어디로 이끌지 알았습니다. 제게 너무나 엄청난 내용이었습니다. 그걸 제가 감히 어떻게 말할 수 있겠습니까! 그러나 움직임은 저를 꽉 잡고 놓지 않았습니다. 저는 따라야만 했습니다.

그렇게 한 테마에 대해 글이 써졌습니다. 온전하게, 어떤 것과도 연결 없이 써졌습니다.

쓰기가 끝나자, 얼마 후 제 컴퓨터에 옮겼습니다. 그런 후 제가 쓴 것은 제 기억과 의식에서 사라졌습니다. 마치 그 글들이 저를 통해 왔다가, 저를 지나간 것 같았습니다. 이렇게 이 책의 글들은 서로 어떤 관계도 없이 일 년에 걸쳐 써졌습니다.

그럼에도 그 생각들은 제 안에서 특별한 어떤 것을 일으켰습니다. 그 생각들은 제게 믿을 수 없게 나타났습니다. 제 일상의 생각들과 의식을 넘어, 제 영혼을, 제 안에 있는 근원을 위해 나타났습니다. 그 때 저는 제가 끝없는 영적인 정신에 의해 안겨서 움직여, 봉사하게 잡혀지는 걸 경험했습니다. 그 생각들은 명료했으며 참이있습니다.

물론 저는 그 생각들을, 마치 그 생각들이 제게 속한 것처럼, 파악할 수는 없었습니다. 저는 그 생각들에게 저를, 그 생각들이 제게 아직 작용하는 한, 내맡겼습니다. 다음 생각들이 와, 저를 그 생각들을 넘어 이끌어, 그 생각들을 놓게 할 때까지, 그 생각들이 저를 이끌게 했습니다. 그리하여 그 생각들이, 그렇게 강렬히 나를 덮쳤어도, 잠시 후 잠정적이라고 나타났습니다.

제 경험상 이 생각들을 누가 읽고 여럿이 들으면 더 좋을 것 같습니다. 아마 오직 한 장씩 읽으면 좋겠습니다. 그렇게 하면, 모두는 자신께 머뭅니다. 읽는 나 그리고 그 생각들을 듣는 순간 그들께 맞는 한, 그 생각들을 안으로 오게 듣는 사람들.

그럼에도 저는 이 생각들을 책으로 펴냅니다. 정신 차리게 하는 책입니다만, 잠정적인 책입니다. 지혜는 길 위에 있기 때문입니다. 지혜는 끝없이 계속 갑니다. 지혜는 길 위에 있는 사랑입니다. 지혜의 생각들은 이뤄집니다. 언제나.

버트 헬링거 Bert Hellinger

차례

3장

4장

5장

6장

7장

8장

9장

10장

1장

내가 울부짖었을 때,
천사의 질서들에서 누가 나를 들었는가?

| 마리아 릴케의 첫 번째 두이너저의 비가에서 |

당신 안에

릴케가 자신의 기도서에서 "누가 삽니까? 신이여, 당신이 삽니까 — 생명을? —"이라고 질문했을 때, 내가 신 앞에 거기 있는 상상이 가능하기나 합니까? 예를 들면 내가 신께 기도할 수 있겠습니까? 신께 간구할 수 있겠습니까? 신께 고마워하거나, 신을 사랑하며, 또한 그를 두려워 할 수 있겠습니까?

신이 내 생명을 산다면, 나는 신 안에서, 신은 내 안에서 삽니다. 내가 행하는 모든 일에서, 내가 누구와 연결됨을 느끼든지, 또는 연결되지 않음을 느끼든지, 신은 내 안에서 삽니다. 다른 모든 사람들 안에서도 신은 살며 사랑하고 행동하기 때문입니다. 그들이 무엇을 하든지, 그리하여 그들이 죄책감을 느끼든지, 또는 느끼지 않든지, 또는 선하든지, 악하든지, 신은 그들 안에서 삽니다.

신이 모든 생명을 산다면, 모든 자신의 것은 그칩니다. 자아도 그칩니다.

자주 나는 내 자아로 생명의 움직임에, 신이 내 안에서 생명을 사는 것에, 대항하는 것 같습니다. 그리하여 나는 생명의 이 움직임과 절연됨을 느낍니다. 내 안에서뿐만 아니라 다른 사람들 안에서도 그렇습니다. 나는 나와 다른 사람들 안에 있는 이 움직임으로 생명의 움직임에 대항합니다. 그리하여 나는 나와 다른 사람들 안에서 사는 신의 생명과 절연됨을 아프게 경험합니다. 더 나아가 나와 그들은 우리의 생명을 잃습니다. 우리가 생명의 충만에서 생명을 영원히 그리고 함께 경험하기 전에 잃습니다.

이 생각들로 나는 신과 나를 대등하게 놓았습니다. 마치 할 수 있고, 해도 되는 것처럼 하였습니다.

내가 모든 면에서 신이 내 안에서 생명을 사는 대로 생명을 경험한다면, 그리하여 그와 나를 구별할 수 없다면, 다릅니다. 우리의 생명을 사는 게 신이라면, 우리의 자아는 그칩니다. 신이 우리 생명을 살기에, 우리는 움직임으로, 신의 움직임으로 갑니다. — 생명은 움직임이기 때문입니다. 이 움직임에서야 우리는 지금 벌써 이미 언제나 목표에 있습니다.

어떻게 우리가 우리 안에 사는 신의 생명과 공명에 옵니까?

우선 우리 생각들에서입니다. 우리는 우리 생명을, 신이 생각하는 대로, 신과 함께 생각합니다. 우리는 이 생각으로 무슨 생각을 합니까? 우리는 생명을, 전체 생명을 생각합니다. 신이 생각하는 대로 생각합니다. 그리하여 신이 생명을 생각하는 대로, 모든 것 안에 있는 이 생명과 하나가 됩니다.

이 생각은 이것과 저것을 구별하지 않는 동의며 행동입니다. 신 안에서는 우리뿐 아니라 다른 모든 것도 신에 의해 살아지면서 녹습니다.

이 생각 너머에 어떤 것이 있습니까? 이 생각은 신의 생각으로서, 우리를 신의 생명으로, 신의 움직임으로 데려갑니다. 우리를 함께 데려갑니다. 이 움직임에서 우리는 지금 벌써 신 안으로 없어집니다.

생명

생명은 우리에게 개인적으로 지속되는 것 같이 보입니다. 우리는 생명이 각 생명체로부터 끝나는 것을 경험합니다.

그런데 왜 생명이 계속 흐릅니까? 개체의 생명체를 생명이 넘어가기 때문입니다. 생명은 자신에게서 각 생명체를 나오게 합니다. 각 생명체에서 없어지거나 끝나지 않고 나오게 합니다.

그렇다면 누가 생명을 정말 삽니까? 생명을 사는 모든 것은 어떤 것에 참여합니까? 생명은 무한하게 생각하는 영적인 정신의 가장 위대한 나타남입니다. 그 정신은 생명을 쉬지 않고 무한한 다양성으로 자신에게서 내보내, 생명이 창조적으로 존재케 합니다.

그렇다면 각 생명체가 죽으면 어떻게 됩니까? 없어집니까? 아니면 계속 삽니까? 계속해서 이 창조적인 움직임에 의해 잡혀집니까? 오직 다르게 이 움직임에 의해 데려갑니까? 그 움직임과 같은 방향으로 데려갑니까? 죽어 있는 생명체들은 아직 우리 곁에 있는 생명체들과 구별됩니까? 우리 곁에 있는 생명체들 앞에, 죽어 있는 생명체들이 있었기에, 살아 있는 생명체들은 거기 있습니다. 죽어 있는 생명체들이, 살아 있는 생명체들에게서 아직 거기 있기에, 살아 있는 생명체들 안에서 아직 언제나 계속 살아 있기에, 살아 있는 생명체들은 거기 있습니다.

우리가 죽으면 우리는 어떻게 됩니까? 우리는 죽습니까? 아니면, 계속 삽니까? 오직 다르게 계속 삽니까?

이제까지는 아직 표면적입니다. 오직 우리 몸에서 우리는 숙고했습니다. 우리가 죽으면 우리 영적인 정신은 어떻게 됩니까? 우리 의식은 어떻게 됩니까? 여기에서도 개체에서 포괄적인 어떤 것으로의 전화(轉化)가 있을 수 있겠습니까? 여기에서 정신과 의식의 무엇이 전화하겠습니까? 정신이 작게 시작해서 성장했습니까? 계속 발전하여 자신의 목표에 와, 없어집니까? 우리 몸처럼 목표에 와 없어져, 다르게 존속합니까? 우리 목표 앞과 너머에 언제나 거기 있었던 어떤 것에 받아들여져 존속합니까? 그리하여 그 어떤 것은 우리 목표 후에 우리 정신을 자신께 되받아 자신의 움직임에 데려갑니까? 이게 우리 몸이 죽으면 생기는 전화와 같은 과정입니까?

오, 생명, 생명이여, 아름다운 시간이여
모순에서 모순으로
그렇게 나쁘게 그렇게 어렵게 그렇게 몰래

그리고 단번에 말할 수 없이 넓게
편진 날개처럼, 천사처럼
오, 설명할 수 없는 것 중 설명할 수 없는 것, 오, 삶이여.

여기에서 더 생각할 게 있습니다. 삶과 죽음의 구별은 다른 어떤 구별과 관계가 있습니까? 다른 어떤 구별이 없어지면, 삶과 죽음의 구별도 없어집니까?

삶과 죽음을 구별하는 우리 내면의 과정은 우리의 선과 악의 구별과 같습니다. 우리 상상 속에서 선은 살아 존재해도 되고, 악은 없어져 죽어야 하기 때문입니다.

선과 악의 구별로 우리는 위대한 생명 움직임에 개입합니다. 우리는 움직임에 같게 속한 그 움직임 중 어떤 것을 없애려고 합니다. 이 구별로 우리는 지금 벌써 죽음과 살며, 아직 살면서 죽습니다.

이 구별을 하지 않으면, 우리 삶에 무엇이 생깁니까?

우리 삶은 계속 갑니다. 생명의 충만으로 갑니다. 어떤 전화(轉化)에서 가든지 갑니다. 모든 것과 창조적으로 계속 갑니다.

추방된

성서의 아담과 이브는 천당에서 추방되었습니다. 잠가진 천당 문을 불타는 칼을 든 천사가 지킵니다.

그들이 인식의 나무의 어떤 것을 먹었기에, 그들은 추방되었습니다. 어떤 인식이었습니까? 선과 악을 구별하는 인식이었습니다.

왜 이 인식이 그들을 천당에서의 추방으로 이끌었습니까? 이 인식으로 그들은 신에 대항했기 때문입니다. 이 인식으로 신 위에 서서 자신들이 신을 대신했기 때문입니다.

이 인식이 왜 그렇게 광범위한 결과를 가질 수 있었습니까? 틀린 인식이었기 때문입니다. 신을 떠나 신으로부터 자립하려는 인식이었기 때문입니다.

이 인식의 첫 번째 결과는 무엇이었습니까? 그들은 자신들이 벗었다는 것을 알았습니다. 그들이 더 이상 하나가 아니라 다르다는 것 곧 남자와 여자라는 것을 알았습니다. 그리하여 그들은 차이를 보고 차이에 맞게 행동해야 했습니다.

이게 무엇을 의미하는지, 그들의 아들인 카인과 아벨은 보였습니다. 신이 자신의 제사는 받지 않고 동생인 아벨의 제사만 받는 것을 본 카인은 분노하게 되었습니다. 신이 동생을 더 좋아한다는 선악 구별에 따라 카인은 행동했습니다. 이 인식의 결과로 카인은 자신의 동생을 살해했습니다.

선악을 구별하는 이 인식은 결국 무엇입니까? 하나의 인식입니까? 신 앞에서는 모두가 같다는 지식에 저항하는 인식이 아닙니까? 신 앞에서는 구별들이 없기에, 구별들이 있을 수 없기에, 모두가 똑같게 사랑받는다는 인식에 대항하는 인식이 아닙니까?

그렇기에 신이 자신의 희생은 받지 않고 동생의 희생만 받는다는 카인의 인식은 신인식이 아니었습니다. 자신의 인식으로 카인은 신에 적대하여, 신이 선호한다고 생각하는 것을 없애려고 했습니다. 선과 악을 구별했기에 카인은 자신과 동생 사이의 일치를 — 그리하여 자신과 동생의 신과의 일치를 파기했습니다.

이게 우리에게 무엇을 말합니까? 우리가 선악 인식의 나무의 어떤 것을 먹는 어느 때나, 곧 다른 사람들을 판결하여 이쪽이나 저쪽으로 민다면, 다시 말하면 그들이 신 앞에서 우리와 본질적으로 같다는 것을 부정하면, 우리는 신뿐만 아니라 그들과도 연결을 잃습니다.

우리가 그 열매를 먹었다면, 우리는 그 열매의 모든 것을 다시 뱉고, 천당의 인식에 되돌아 갈 수 있습니다. 신이 사람들 사이를 거닐고, 신이 사람들과 함께, 사람들이 신과 함께 머물러, 모두가 신 앞에서 같게, 같은 사랑으로 받아들여져 신과 하나인 인식에 되돌아 갈 수 있습니다.

천당문 앞에서 불타는 칼을 들고 지키는 천사는 문을 열고, 우리는 다시 들어갑니다.

천당에서 우리는 무엇을 만납니까? 생명의 나무를 만납니다. 우리는 그 열매를 맛봅니다. 모두를 위한 사랑과 생명을 맛봅니다. 신 앞에서 모두가 같게, 선악을 넘어 모두에게 선물로 주어진 모든 것에 공명함으로 맛봅니다.

우리가 창조를 말한다면, 우리는 충만에 있는 세계를 의미합니다. 이 세계 안에서 거기 있고 움직이는 모든 것과 충만에 있는 세계를 의미합니다. 동시에 이 창조가 어떤 것에서, 세계의 근원으로서 앞서 있는 어떤 것에서 온다고 우리는 말합니다. 창조에서 세계의 근원은 우리를 위해서도 팽창합니다.

곧 창조는 자신의 근원과 연결돼 자신의 근원과 공명에 있다는 말입니다. 특히 창조는, 계속 되고, 계속 되기 위해 매 순간 새롭게 창조되어야 하기 때문입니다. 창조와 창조의 근원과의 연속되는 일치는 우리의 상상을 넘어 긴밀할 수밖에 없습니다.

그렇기에 근원은 모든 것이 시작하는 원래의 시작이 아닙니다. 근원은 항존 하는, 언제나 새로운 것을 향해 작용하는 지금입니다.

이게 우리에게 무엇을 말합니까? 우리가 무엇을 하든, 그것은 우리의 근원과 공명에서 그리고 의존에서 행해질 수밖에 없으며, 이 의미에서 근원에 대항하거나 우리 자신의 힘으로 행해지는 것은 없습니다. 우리의 행동은 언제나 지속되는 창조의 움직임에 자리하고 있습니다. 우리가 자유라는 상상은 여기에서 자신의 경계에 옵니다.

창조

우리가 그렇게 언제나 지속하는 창조적인 팽창에 연결된다면, 우리도 창조적으로 움직입니까? 곧 밖에 의해서보다, 참여하면서 그리하여 어느 정도 창조적으로 자유롭습니까? 우리 경험들은 그렇다는 것을 압니다.

이 의미에서 힘들의 자유로운 놀이가 있음이 분명합니다. 이 놀이에서 새로운 어떤 것이 창조적으로 전개됩니다. 시도와 오류 그리고 에움길과 정신 차려 돌아옴을 통해 전개됩니다.

그렇기에 여기에서 창조적이란, 우리가 어떤 것을 개선하며, 우리에게 감춰진 어떤 것을 완전히 이해하고 적용하여 계속 발전시킬 수 있는 것을 말합니다. 창조적이란 곧 진보와 향상을 말합니다. 물론 오직 우리에게 주어진 한계 안에서 입니다. 개인적으로뿐 아니라 종(種)으로서도. 예를 들면 우리는 시간에 의해 제약을 받습니다.

우리 근원과의 연결에서도 우리는 우리를 창조적으로 경험합니다. 여기에서도 가끔 에움길과 근원과 더 느슨한 또는 더 가까운 공명을 통해서입니다. 가끔 우리는 근원과 모순에서, 분명한 혹은 숨거진 거절로, 완고하게나 맹목적으로 경험합니다.

이게 우리를 우리 근원과 분리합니까? 우리를 분리하여 이 근원이 스스로 우리를 외면하며 멀어지겠습니까? 이게 가능하기나 합니까?

외면과 잊음과 그 결과들도 창조적인 움직임들입니다. 그것들도 결국 어떤 것을 창조적으로 일어나게 하는 결정적인 움직임으로 연결돼 있습니다. 그리하여 그 어떤 것은 앞으로 더 나아갑니다.

그러나 우리는 사랑으로도 이 창조적인 움직임에 우리를 맡길 수 있습니다. 그리하여 이 창조적인 움직임과 공명에서 다르게 창조적으로 우리를 경험할 수 있습니다. 우리는 의식하면서 움직임과 공명으로 우리를 창조적으로 경험할 수 있습니다. 어떻게 이것이 가능합니까? 고마워함으로, 우리를 만나는 모든 창조에게 존경으로 가능합니다.

단번에 우리는 우리가 우리 근원의 창조적인 움직임들과 다르게 연결됨을 경험합니다. 직접 그리고 근원과 공명에서, 근원과 절연이나 우리의 자유가 점점 없어지는 것을 경험합니다. 마치 우리가 근원으로 되돌아가 광범위하게 창조적으로 우리를 알게 되는 것 같습니다. 우리 스스로 거의 움직이지 않으면서 우리를 알게 되는 것 같습니다. 우리는 우리가 근원에 의해, 근원과 함께 움직이는 것을 경험합니다.

팽창

팽창은 우리가 더 많은 자리를 차지하도록 허락합니다. 예를 들면 영향이나 사업이 팽창합니다. 생각이나 믿음도 더 많은 추종자를 얻음으로 팽창합니다. 우주에 대해서도 우리는 압니다. 우주가 팽창한다는 것을, 더욱이 빛의 속도로 팽창한다는 것을, 압니다.

팽창은 창조적인 움직임입니다. 팽창은 어떤 것을 가져옵니다. 자주, 오직 한쪽에서만 그렇습니다. 다른 쪽은 그 팽창에 의해 밀리거나 좁아지기 때문입니다.

모두에게 어떤 것을 가져오게 하는 팽창은 사랑과 함께 하는 팽창입니다. 자세히 보면 그 팽창은 사랑의 팽창입니다.

이게 도대체 무슨 말입니까? 우리는 언제나 더 많이 우리 사랑에 포함합니다. 무엇보다 이것은 사랑의 분야입니다. 팽창하는 사랑의 분야입니다. 사랑의 사정거리가 팽창합니다.

사랑은 팽창하면서, 깊어집니다. 깊이도 다른 방향으로의 팽창입니다. 이 팽창으로 사랑은 힘을 얻습니다. 사랑이 넓게 팽창함으로, 더 많이 포함함으로, 사랑은 내면으로부터 모든 것을 위해 더 많은 힘을 모읍니다. 팽창으로 소진되지 않습니다. 반대입니다. 팽창은 사랑에게, 팽창하면서 정신 차려 거기 있을 수 있게 힘을 줍니다. 그리하여 사랑이 모든 것에 자신의 사랑으로 다다라 모든 것을 존재하는 대로 인정할 때까지 사랑은 정신 차려 창조적으로 더 많이 팽창합니다.

이 사랑은 창조와 함께 팽창합니다. 사랑은 창조적으로 팽창합니다. 인간의 경계들을 넘어 팽창하기에 사랑의 특별한 아름다움을 사랑은 받습니다.

하나

자아는 언제나 둘입니다. 자아는 다른 어떤 것 앞에 자신을 세워, 그의 상대가 됩니다. 그렇기에 우리에게 하나는, 자아가 없어지는 데에서 시작합니다. 더 정확하게 말하자면, 우리가 하나로 다시 돌아오는 데에서 시작합니다. 그 하나와 절연됨을 우리는 자아로서 경험합니다.

하나는 우리에게 근원입니다. 존재하는 모든 것은 자신의 존재를 이 근원으로부터 갖습니다. 그렇게 보면 자아가 근원과 구별되게 보여, 자아의 근원과의 관계는 둘처럼 보입니다.

그러나 존재하는 모든 것은 자신의 존재를 오직 자신의 근원과 끊임없는 연결에서만 가질 수 있고, 근원이 모든 것을 쉬지 않고 존재케 하기에, 모든 것은 근원과 하나로 존재합니다.

존재하는 것이 – 그렇게 다양하게 우리에게 나타나도 – 둘이라는 상상은 그렇기에 표면적이며, 잘못된 상상입니다. 그렇다면, 어떤 것이나 사람이 또는 어떤 사건이 이 하나와 적대한다고 하는 상상도 표면적이며 잘못된 상상입니다. 그렇게 상상하는 순간 우리는 그 모든 것들과 함께 이 하나에 적대하는 자리에 오기 때문입니다.

어떻게 이 하나에로의 귀환이 우리에게 됩니까? 둘이라는 이 상상과 하나가 되려는 모든 시도는, 이제까지 제가 말씀드린 바에 의하면, 잘못된 것입니다. 우리와 절연된 적이 없던 것으로 어떻게 우리가 다시 되돌아갑니까?

사실은, 우리의 상상에서만 둘이 존재한다고 우리가 인정해야 한다는 것입니다. 자아와 둘을 우리 상상에서 잊으면, 우리는 벌써 우리가 근원과 하나라고 우리를 경험합니다. 우리가 누구며, 무엇을 하여 고난받게 보이든지, 근원과 하나라고 우리는 우리를 경험합니다.

그럼 여기에서 하나는 무엇을 말합니까? 하나는 — 모든 것이며 또한 모든 것을 말합니다.

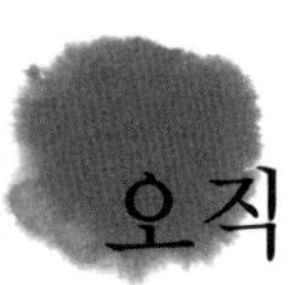

오직

오직이란 대개 다른 것은 안 된단 말입니다. "오직 너, 오직 나, 오직 조금 더." 이 오직은 제한하며, 제외합니다. 관계에 반대하여, 관계를 없앱니다.

오직의 반대는 '도'입니다. "너도, 나도, 그것도." 이 도는 어떤 것을 보태면서 포함합니다. 관계를 좋게 합니다.

우리가 오직에만 머물면, 오직 너, 오직 나, 오직 그것, 우리에게 무엇이 발생합니까? 사람들이 우리를 피하기에, 우리는 외롭게 됩니다.

우리가 누군가에게 "오직 너만"이라고 말하면, 그에게 무엇이 발생합니까? 그도 외롭게 됩니다. 그런 오직은 오직 자아로부터 옵니다. 오직 자아만이 제한합니다.

제한하는 이 오직에 무엇이 대립돼 있습니까? 무엇이 이 오직을 포함하면서 제한합니까? 그리하여 오직을 지양(止揚)합니까? 이 오직은 모든 것, 오직 모든 것입니다. 모든 것을 넘어가는 더 많은 것이 있습니다. 그것은 전체, 모든 것을 같게 포함하는 전체입니다.

이 모든 것이나 이 전체는 어디에 있습니까? 그것은 영적인 정신에, 모든 것을 포함하는 영적인 정신에 있습니다. 모든 것과 전체는, 존재하는 대로, 이 영적인 정신에서 옵니다. 영적인 정신이 전체를, 전체가 존재하는 대로 생각하기 때문입니다. 이 영적인 정신은 우리에게 오직 무한하게 상상될 수밖에 없습니다. 곧, 영적인 정신 이외에는 없습니다, 오직 영적인 정신밖에 없습니다. 다른 것은 없습니다. 이 오직은 모든 것을 포함합니다. 당연히 우리의 오직으로 제외하려는 것도 포함합니다.

이게 우리의 생각을 위해 무엇을 의미합니까? 우리의 삶과 사랑 그리고 우리의 행동과 행위를 위해 무엇을 의미합니까?

모든 것을 포함하는 무한한 정신에게는 어떤 조건이나 한계가 있을 수 없습니다. 더 나아가 죄나 무죄, 실패나 공로도 없습니다. 이 정신은 어떤 것도 선호하거나 거부하지 않습니다. 우리가 누군가에게 "오직 너만……"이라고 말하면, 우리는 그 정신이 우리인 것처럼 생각할 것입니다.

무한한 것은 충만, 아무런 조건이나 삭감 없는 사랑의 충만입니다. 무한한 것은 전체로서 무한합니다.

우리가 어떻게 이 무한한 전체를 이 삶에서 경험합니까? 우리가 어떻게 이 무한한 것에 우리를 녹입니까? 지금 벌써 녹입니까?

이 무한한 것이 우리에게 유일한 현실이 되면 됩니다. 이 현실에서 우리는 움직입니다. 이 현실에서 우리는 우리가 무한하게 선물로 주어진 것을 경험합니다. 아무런 조건 없이 모든 것에서 무한하게 사랑받으면서 선물로 주어진 것을 경험합니다.

무한한 것이 원래의 오직입니다. 큰 오직입니다. 충만한 오직입니다. 홀로 영속하는 오직입니다.

어떻게 우리가 이 오직에 가까이 갑니까? 어떻게 우리가 이 오직에 스러집니까? 그리하여 우리는 우리 몸에서뿐 아니라 우리 정신에서도 오직을 무한한 사랑으로 경험합니까?

우리가 점점 우리의 사랑과 아직 여기에서 대립되는 오직을 이 무한한 오직에 의식하면서 넘겨주면 됩니다. 그리하여 그 오직이 무한한 오직에 녹을 때까지, 영원히 녹을 때까지 넘겨주면 됩니다.

우리가 아직도 거기 있습니까? 우리의 "오직, 그러면……."이 없으면, 우리는 정말 거기 있습니다. 무한하게 거기 — 무한하게 사랑받으면서 거기 있습니다.

미래

미래는 징후를 보입니다. 미래가 현재의 어떤 것을 자신께 끌기 때문입니다. 이 당기는 힘을 통해, 자신을 나타내기 전에, 미래는 어떤 것을 움직이게 합니다. 그렇습니다. 미래는 지금 이미 효력을 발합니다.

미래는 우리에게만 멀리 있습니다. 실제로는 이미 거기 있습니다. 그렇지 않다면 미래는 징후를 보일 수 없겠습니다.

시간 안에서 생각하는 우리에게는, 미래가 우리 앞에 있습니다. 그러나 생각되어지지 않는 미래가 어떻게 있을 수 있습니까? 존재하는 대로 모든 면에서 여러 관계들과 함께 이미 생각되어지지 않는 이성적인 어떤 것이 올 수 있겠습니까? 그리하여 어떤 것은 올 수 있어, 많은 것을 동시에 움직이게 합니다.

이 미래는 우리의 시간 저편에 있습니다. 미래는 시간 안에서 자신을 실현합니다. 미래는 우리의 시간 전에 이미 거기, 완성돼 거기 있기 때문입니다.

오기도 하며 이미 거기 있을 수 있는 미래는 누구에 의해 생각되어져 있습니까? 우리 눈에 창조적으로 스스로를 쉬지 않고 실현하고 있는 창조적인 힘에 의해 생각되어져 있습니다. 그러나 그 힘에게는, 스스로 모든 것을 동시에 생각하기에, 어떤 것도 더해지거나, 없어질 수 없습니다.

우리는 이 미래를 어떻게 대합니까? 우리는 미래를, 미래가 이미 거기 있는 것처럼 만납니다. 우리는 우리의 생각에서, 시간이 이 창조적인 힘에 의해 철폐된 것과 같은 방법으로, 시간을 철폐합니다. 이게 무슨 말입니까? 우리는, 지금 벌써 창조적인 힘이 발휘하도록, 미래에게 허락합니다. 그리하여 우리는 그 힘에 의해 지금 벌써 우리 시간의 경계들을 넘어 이끌립니다. 상(像)과 힘으로서 미래는 이미 거기 있습니다. 미래는 오직 스스로를 나타내기만 하면 됩니다. 예를 들면 질병이 이미 낫는, 기대된 미래입니다.

우리는 우리 안에서 검사할 수 있습니다. 쾌유를 미래에 기대하지 않고, 마치 쾌유가 이미 거기 있는 것처럼, 우리 안에 지금 이미 자리를 주면, 어떤 효과를 갖는가를 검사할 수 있습니다.

생각되어진, 지금 생각되어진, 미래는 옵니다. 누구에 의해 생각되어진 미래입니까? 미래를 이미 언제나 생각한 힘에 의해 생각되어진 미래입니다. 그리고 그 힘과 함께 우리에 의해 생각되어진 미래입니다. 어떻게? 확신에 차.

오, 와서 머물러라!

우리는 와서 머무는 무엇을 소원합니까? 우리는 질문할 수도 있습니다. 무엇이 우리가 기다리는 와서 영속하는 것입니까? 우리가 알아채는 모든 것은, 그것이 내면이든 밖이든, 없어지기 때문입니다. 우리가 지금까지 간절히 원했던 모든 것, 그리하여 우리에게 깊은 행복과 함께 주어진 것도, 없어집니다. 이미 그렇게 많은 것이 우리에게 벌써 지났습니다. 지금 이 순간 우리에게 있는 것도 마찬가지로 없어질 것입니다. 마찬가지로 우리 자신도 죽음에서 그렇게 없어질 것 같이 보입니다.

모든 것의 어떤 것이 머물기에, 이 모든 것은 오직 없어질 수 있습니다. 모든 것 뒤에서 우리에게 감춰져 작용하는 어떤 것은 머뭅니다. 모든 것 안에서 쉬지 않고 자신을 새롭게 하는 어떤 것은 머뭅니다. 어떤 것은 분명히 같게 머뭅니다. 그러나 우리에겐 변화돼 나타나는 형태로 머뭅니다.

그러나 우리는 이 항존 하는 것을 우리 정신으로 오직 불완전하게 파악할 수밖에 없습니다. 그것을 우리 손에 넣을 수 없을 뿐 아니라 우리는 그것을 우리에게 봉사케 할 수도 없습니다.

우리를 저 깊이에서 끌어도 그것은 우리에게 감춰져 있습니다. 그럼에도 우리는 그것이 우리 안에 작용하고 있어 움직이고 있다고 경험합니다. 우리는 그것을 우리의 근원으로서 우리 저편과 함께 우리 안에서 예감할 뿐 아니라, 그것이 우리에게 사랑과 호의로 향하고 있다는 것을 경험합니다.

우리가 이 영적인 근원과 연결돼 있다고 우리를 경험하면, 우리는 우리가 영적인 어떤 것과 하나라고 경험합니다. 그 하나는 오고 가는 모든 것에서 같게 머뭅니다. 어떻게 같게? 모든 것에 동시에 사랑과 호의로, 쉬지 않고 사랑과 호의로, 그리하여 그것에서 덧없이 지나가버리는 것에게 무엇이 발생하든, 잠정적인 어떤 것만이 없어집니다. 그러나 본질적인 것은, 영속하는 영적인 것은, 모든 변화에도 똑같게 거기 머뭅니다. 영속하는 것으로서 영적인 것이 어떻게 함께 없어지겠습니까?

반대로 우리가 잠정적이라고 경험하는 곳에서, 그리하여 우리가 없어지리라고 두려워하는 곳에서도 우리가 우리를 이 영속하는 것에 향하고 있으면, 그리고 우리가 그 영속하는 것을 오라고 갈망하여 정신 차림에서 영속하는 것이 현존한다고 경험하면, 또한 우리가 영속하는 것을 오는 동시에 영속하는 것으로 경험하면, 우리에게 무엇이 발생하든, 우리가 덧없는 것에서 머문다고, 본질적으로 머문다고 우리를 경험합니다.

우리가 "오, 와서, 머물러라!"라고 말한다면, 우리의 간청은 어디로 갑니까? 우리의 간청은 이 무한한 영적인 것을 향합니다. 이 무한한 영적인 것 안에서 우리도 우리를 지금 벌써 영적으로 경험합니다. 우리를 영적으로 영속하게 경험합니다. 겉으로 보기에 일시적인 것에서도, 우리가 우리를 무한하게 영속하는 것으로 경험하면, 우리가 이 일시적인 것을 이 영적인 움직임으로 데려가기에, 일시적인 것과 우리는 무한하게 하나입니다.

이제 시간입니다

무엇을 위하는 시간입니까? 예고했는데, 지금 거기 있는 어떤 것을 위하는 시간입니다.

그 어떤 것은 어디에서 와, 어디로 갑니까? 우리에게 이제 무엇을 위하는 시간입니까? 대개 이별을 위하는 시간입니다. 어떤 것이 자신의 일을 완성했기에, 결정적인 다음 단계를 위해 자리를 내줍니다.

이 단계는 우리를 어디로 이끕니까? 이 단계를 위하는 시간이어도, 우리는 모릅니다. 우리는 오직 바로 앞에 있는 단계만 봅니다. 그 뒤의 다음 단계의 시간이어도 우리는 다음 단계를 보지 못합니다. 예를 들면 우리가 죽을 때입니다. 죽음이 원래의 시간입니다. 죽음이 오면, 본래의 시간은 지금이 시간입니다.

삶에서도 시간은 자주 지금입니다. 예를 들면 사랑과 이제 태어나는 아이를 위하는 시간입니다. 머뭇거리면, 알맞은 시간을 놓칩니다.

우리에게 언제가 시간입니까? 무엇보다 지금이 시간입니다. 어떤 것을 결정하여 함께 가는 시간입니다.

시간은 멈추기도 합니다. 예를 들면 삶의 시간이나, 기다림의 시간입니다. 그 시간이 충족되면, 시간은 멈춥니다.

대개 이 시간은 다른 시간에 자리를 내줍니다. 자주 그렇지 않을 때도 있습니다. 그럼, 시간은 정말 멈춥니다. 이뤄지지 않는 희망에서 그렇습니다. 희망도 시간에 있기 때문입니다. 이 희망과 함께 희망의 시간도 멈춥니다.

이 시간은 뒤를 향하기에 이미 지났습니다. 알맞은 시간은 앞을 바라보고, 앞으로 나아갑니다. 알맞은 시간에게는, 무엇보다 지금이 시간입니다.

우리가 시간에 머뭅니까? 우리가 시간을 우리 뒤에 둘 수 있습니까? 시간이 하나의 경계에 와 이 경계 앞에 섭니까? 이 시간도 이 의미에서 잠정적입니까? 그 시간 뒤에 어떤 것이 머물기에, 이 시간도 잠정적입니까? 아마 같은 것이 머물겠습니다. 같은 어떤 것에서 구별들은 멈춰, 그 구별들과 함께 구별의 시간도 멈추겠습니다.

2장

그래서 나는 이렇게밖에 행동할 수 없습니다.
그리고 어둠의 오열에서 오는 유혹의 소리를 삼킵니다.

| 마리아 릴케의 첫 번째 두이너저의 비가에서 |

누가 생각하고, 누가 고통받으며, 누가 사랑합니까?

내 생각과 고통 그리고 사랑은 어떤 것이 생기게 합니다. 그것들은 어떤 것을 작동하게 하거나, 변화시키거나, 어떤 것을 계속 가게 하거나, 또는 어떤 것을 멈추게도 하는 어느 움직임의 일부입니다. 그렇습니다. 내 생각과 고통 그리고 사랑은 나와 다른 사람들에게 중요한 어떤 움직임에 연결돼 있습니다. 그렇기에 그것들은 결코 내 것만이 아닙니다. 내 생각과 고통 그리고 사랑은 더 큰 어떤 것에 종속돼 있습니다. 더 큰 것과 연결돼 있기에 내 생각과 고통 그리고 사랑은, 우리의 소원들과 의지, 우리의 두려움들과 능력을 넘는 어떤 것이 생기게 합니다. 우리는 그 규모를 전망하거나 확정할 수도 없을 뿐 아니라, 막거나 저지할 수도 없습니다. — 우리뿐 아니라 다른 사람들을 위해서도.

우리가 생각한다면, 도대체 누가 생각합니까? 우리가 고통받는다면, 누가 혹은 무엇이 고통받습니까? 우리가 사랑한다면, 누가 혹은 무엇이 사랑합니까? 우리가 생각할 때, 우리를 훨씬 넘는 다른 어떤 것이 생각한다고 인정하면, 우리에게 어떠합니까? 그것이 우리를 통해 생각하는 대로, 우리에게서 생각하게 한다면, 어떠합니까? 그 생각이 우리와 우리 안에서 무엇을 생각하든, 그 생각이 우리를 덮치게 하여, 우리를 그에게 내어맡겨, 우리 안에서 우리와 함께 생각한 것을 우리가 오직 함께 작용하게 한다면, 이 생각이 어디로 이끄는지, 걱정할 필요가 있습니까? 그리하여 우리가 결행하거나 할 수 있는 것보다, 다르게 그 생각이 우리와 다른 사람들에게 의무를 지운다면, 이 생각이 오직 우리에게서 그리고 우리로부터 온 것이겠습니까?

우리의 고통은 어떠합니까? 그 고통이 우리와 다른 사람들에게와 그들과 우리를 정신 차리게 한다면, 그 고통이 무엇을 일으키는가 우리 마음대로 됩니까? 그리하여 그 고통이 우리와 그들을 정신 차리게 하여 다른 생각, 창조적인 새로운 생각을 하게 돕지는 않습니까? 우리의 고통이 우리와 다른 사람들을 어디로 이끌지 우리 마음대로 할 수 있습니까? 그렇기에 우리 고통이 오직 우리 고통일 뿐입니까? 우리 생각처럼 우리의 고통도 우리를 훨씬 넘는 어떤 힘에게 봉사하지는 않습니까? 영적인 어떤 힘에게 봉사하지는 않습니까? 그 영적인 힘을 위해 우리 고통이 더 높고, 더 넓은 목표들을 향해 가는 과정이 아닙니까?

이 안고 가는 힘들과 공명에서 우리는 우리 고통을 어떻게 만납니까? 우리는 우리 고통이 어떤 통찰로 이끌게 합니다. 이 고통이 우리와 다른 사람들을 위해 어떤 질서가 잡히도록 하는 움직임으로 우리를 데려가게 합니다. 그렇게 되면 이 고통이 오직 우리의 고통입니까? 우리 고통으로 많은 사람들에게 어떤 것이 생기게 하는 어떤 움직임에 봉사하지는 않습니까?

우리는 우리 고통을 넘어 이 강렬한 움직임을 바라봅니다. 그리고 우리와 우리 고통을 그 움직임이 우리를 어디로 데려가든지, 이끌게 합니다. 이 움직임은 우리 고통을 통해 생각합니다. 우리 고통은 우리를 정신 차리게 하는 하나의 방법입니다.

무슨 정신 차림입니까? 우리 고통은 우리가 다르게 생각하길 강요합니다. 다른 사람들에 대해 다르게 생각하길 강요합니다. 예를 들면 그들의 고통에 대해 다르게 생각하길 강요합니다. 그들과 우리의 책임에 대해 다르게 생각하길 강요합니다. 무엇보다 영적인 힘에 대해 다르게 생각하길 강요합니다. 그 힘의 생각은 모든 것을 존재하는 대로 존재케 하며, 그 힘은 모든 것을 우리에게 감춰진 목표들을 향해 움직임에 오게 합니다.

이 움직임은 무엇보다 하나를 분명하게 보입니다. 그 움직임은 모두에게 동시에 사랑과 호의로 향하고 있습니다. 어느 누구도 선호하지 않고 향하고 있습니다. 모든 것이, 그 움직임이 생각하고 원하는 대로 존재할 수밖에 없는데, 어느 기준들에 따라 그 움직임이 어느 누군가를 선호하겠습니까?

그러나 우리가 하나를 다른 것과 비교해, 선호하며 더 좋다거나 다른 것이 더 나쁘다고 여겨도 된다고 생각하는 것처럼 보입니다. 그리하여 우리는 하나를 다른 것과 비교하여 그것을 없애거나 제외할 수 있는 것처럼 합니다. 할 수 있고 해도 되는 것처럼 합니다.

그럼 무엇이 생깁니까? 그리고 그 결과들은 무엇입니까? 고통입니다. 이 고통을 통해 우리는 우리나 우리 그룹의 눈에 거기 있어서는 안 되는 것에 다시 이끌립니다. 우리나 다른 사람들과 같게 거기 있어서는 안 되는 것에 이끌립니다. 그러나 우리는 안 되는 것을 일으킨 사람들에게 의존돼, 우리는 그들에게도 사랑과 호의로 향하고 있었습니다.

그럼 누가 고통받습니까? 우리가 고통받습니다. 그러나 그 고통을 통해 어떤 것이 다시 되돌아와, 우리와 그것이 온전하게 돼, 우리가 치유되도록, 우리는 고통받습니다. 다른 힘이 우리를 이 고통으로 이끌기에 우리는 고통받습니다. 그러나 그 길에서 우리와 다른 사람들은 고통을 넘습니다.

그렇다면 고통은 어떤 것에 봉사합니까? 고통은 사랑에 봉사합니다.

우리에게 더 많은 것이 우리 눈앞에 나타납니다. 이 창조적인 힘의 사랑은 우리가 사랑할 수 있는 것과 다르게 사랑합니다. 적어도 우리 사랑의 시작에서 우리가 사랑할 수 있는 것과 다르게 사랑합니다. 마침내 우리는 이 다른 사랑에 의해 그 사랑으로 데려갑니다. 이 사랑은 어떤 사랑입니까? 이 사랑은, 모든 것이 존재하는 대로, 모든 것을 똑같이 사랑하는 사랑입니다.

우리가 그렇게 사랑하면, 이 사랑에서 누가 사랑합니까? 이 사랑에서는 모든 것 뒤에서 작용하며, 모든 것을 동시에 자신의 움직임으로 데려가는 힘이 사랑합니다. 이 힘은 모두를 향하는 사랑의 움직임에 데려갑니다. 그래도 우리가 사랑합니까? 혹 우리와 우리 자아가 이 사랑에서 녹지는 않습니까? 사랑과 함께 녹지는 않습니까?

없어지다

어떤 것이 없어질 수 있습니까? 단지 변화하는 건 아닙니까? 변화함으로 더 적어집니까? 혹 더 많아집니까? 더 큰 어떤 것에 녹아 머물기에, 더 많아지지는 않습니까? 오르페우스에서 릴케는 노래합니다.

오, 그가 어떻게 없어져야 하는데, 너희들이 알아차리겠는가!
자신이 없어지는 걸, 그 스스로 두려워하는구나.
그의 언어가 여기 있음을 넘기에,
그는 벌써 너희들이 함께 갈 수 없는 저기 있구나!
칠현금은 그의 손들을 강요하지 않는구나.
그리고 그는 넘어감으로 복종하는구나.

더 많이 없어짐으로 도대체 무엇이 녹습니까? 지나버린 어떤 것이 녹습니다. 예를 들면 걱정이나 비난, 혹은 원망이 녹습니다. 더 나아가 희망이나 기대도 녹습니다.

봉사했기에 자신의 일을 완성한 어떤 것은 녹을 수 있습니다. 예를 들면 그렇게 목표에 와서 길은 없어집니다. 목표에 와서 길은 뒤에 머뭅니다. 물론 반대로 뒤를 돌아보면, 목표도 없어집니다.

단지 어떤 것이 없어져도 되기에, 그것은 다음 것에게 자리를 내줍니다. 그렇게 앞에 있는 것은 새로운 것에게, 시작은 끝에게 자리를 내줍니다.

그렇다고 앞에 있는 것이 정말 없어집니까? 우리 안에서 정말 없어집니까? 결과를 보면 아직도 거기 있습니다. 동시에 어떤 것이 뒤에 남겨졌습니다. 언제까지나 뒤에 남겨졌습니다.

그렇기에 없어진 것은 우리 눈에 보이지 않습니다. 단 우리가 없어지게 둘 때만 그렇습니다. 향수(鄕愁)는 우리를 지금으로부터 뒤로 끕니다. 향수는 없어진 것을 위해 지금의 것을 더 적게 만듭니다. 지금의 것을 없어진 것을 위해 없어지게 합니다.

우리가 없어진 것을 없어지게 두면, 없어진 것은 지금의 것에 녹습니다. 그리하여 지금에서 없어진 것은 자신의 충만에 옵니다. 뒤를 보지 않고, 후회 없이, 아쉬움 없이, 오직 결과로서 아직 거기 충만에 옵니다.

비용

"그렇게 많이 낭비하지 마세요."라고 우리는 가끔 말합니다. 더 적게가 우리에게 충분하겠습니다. 낭비는 원래 무엇이 문제인가를 자주 덮습니다. 낭비는 본질적인 것으로부터 벗어납니다. 낭비는 외적입니다. 그리고 잘난 체합니다. 낭비를 통해 많은 사람들이 함께 합니다. 예를 들면 잔치 때 많은 사람들이 모입니다. 공동체가 잘되게 합니다.

그러나 사랑이 문제가 되면, 내밀한 관계에 있어서는, 낭비는 우리가 연결되는 데 장애가 됩니다. 우리는 에움길을 통하지 않고 직접 통하려고 합니다.

우리의 가장 깊은 내면의 것은 아주 적게 필요로 합니다. 우리의 통찰들, 더 큰 어떤 것과의 일치, 더 큰 어떤 것 앞에 우리의 경건, 삶에서 죽음으로의 이행 때 우리의 내어맡김 등. 여기에서는 모든 것이 단순합니다. 무한하게 단순합니다. 모든 것을 놓으면서, 그리하여 놓음에서 모든 것이 완성됩니다.

내면과 마지막 것은 비용을 벗어납니다. 순수하기 때문입니다. 그것은 아직 단지 관계, 순수한 관계입니다.

종교적인 관계도 오직 영적인 정신에 있습니다. 종교적 관계는 움직임 없이 오직 거기 있습니다. 어떻게 거기? 종교적인 관계는 어떤 것 앞에 거기 있습니까? 혹 어떤 것 안에 거기 있습니까? 어떻게 거기? 어떤 것과 하나가 돼 있습니다. 어떻게 하나? 영적으로 하나, 무한하게 하나, 녹아 하나, 의도 없이 하나, 완성돼 하나 — 비용 없이 하나가 돼 있습니다.

위대함

생명의 움직임과 공명에 있는 모든 것은 위대합니다. 그렇기에 생명을 넘겨줌은 위대합니다. 넘겨주는 데 봉사하며, 넘겨줌을 가능하게 하는 모든 것은 위대합니다. 그렇기에 남녀의 사랑은 위대합니다. 온전하게 남녀가 되게 하는 격정에서의 사랑의 완성은, 새로운 생명을 태어나게 하기에 위대합니다. 이 사랑이 원래의 생명욕입니다. 생명욕으로 이끄는 것뿐 아니라 생명욕에 따르는 것도 사랑입니다.

이 사랑이 우리에게 요구하기도 하는 모든 것은 위대합니다. 새로운 생명이 태어나, 남녀에게 아이들을 위해 의무를 지게 하는 이 사랑은 위대합니다.

우리가 이 위대함을 바라보면, 우리는 무엇보다 우리 부모를 바라봅니다. 그들이 우리 부모이기에, 그들은 위대합니다. 우리가 부모를 통해 원래의 위대함을 경험했고, 우리를 사람이게 하고, 남녀이게 하는 것을 받았기에 부모는 위대합니다. 그리하여 우리는 생명을 넘겨줄 수 있어 넘겨줄 각오를 합니다.

다르게 생명에 봉사하는 모든 것도 위대합니다. 생명을 보존하게 하며, 생명 가능성을 향상시키는 모든 일은 위대합니다. 그리하여 다음 세대는 자신들의 생명을 경험하여 준비하며, 이끌어, 생명을 보존하고 새롭게 하여, 생명을 넘겨줍니다.

영적인 위대함도 있습니까? 생명에 봉사하면, 그렇습니다. 새로운 문을 열어, 충족된, 행복한, 삶을 방해하는 많은 것을 넘도록, 영적인 위대함은 도우기 때문입니다. 철학과 그에 따르는 학문입니다. 그 중에서도 생명을 직접 구원하며 건강에 봉사하는 의학과 많은 치유방법이 있습니다.

기쁨도 위대함에 속합니다. 우리를 기쁘게 하는 모든 것은 생명에 봉사합니다. 우리가 다른 사람들을 기쁘게 한다면, 우리는 그들의 생명에 봉사합니다. 우리는 그들의 생명이 그들에게 더 아름답고, 풍부하며, 더 가볍게 합니다.

다른 사람들이 우리를 기쁘게 할 때도 우리 생명은 그렇게 됩니다. 우리를 더 살아 있게 하는 것은 우리를 기쁘게 하기 때문입니다.

위대함은 넓게 만듭니다. 앞을 향합니다. 위대함은 움직임에 있습니다. 본래의 생명 움직임에 ― 사랑의 움직임에 있습니다.

빛

빛은 움직이지 않고 빛납니다. 빛이 거기 있기에, 밝게 합니다.

내면의 빛도 마찬가지입니다. 통찰과 지혜의 빛입니다. 그리고 그 빛들과 깊이 연결된 사랑의 빛입니다.

사랑은 내면으로부터 빛납니다. 사랑은 우리를 통해 빛납니다. 예를 들면 우리 눈과 얼굴에서 빛납니다.

기쁨도 마찬가지입니다. 기쁨도 내면으로부터 빛납니다. 그럼 우리의 얼굴은 기쁨으로 빛납니다.

사랑이 퍼지는 것처럼, 빛도 퍼집니다. 그리고 사랑과 함께 기쁨도 퍼집니다. 사랑과 기쁨 그리고 빛이 거기 있기에, 그들은 퍼집니다.

그럼 밤과 어둠은 어떠합니까? 빛이 끝나는 곳에 밤은 시작합니다. 밤은 빛 없음입니다. 그렇기에 우리는 밤을 볼 수 없습니다. 밤은 빛을 둘러싸, 빛에게 경계를 세웁니다.

밤의 빛은 반대로, 빛나는 한 경계를 세웁니다. 빛이 꺼지면, 밤이 됩니다. 그렇기에 빛과 비교해, 밤은 마지막입니다. 무한한 것입니다. 밤에 빛은 없어집니다.

창조의 시작에, 분명히 어둠인 신은 말합니다. "빛이 되거라" 빛은 창조물입니다. 이 의미에서 빛은 잠정적이며 유한한 것입니다. 우리가 세상의 빛을 처음 보는 우리의 출생 때와 같습니다. 빛은 시작을 갖습니다. 우리가 죽기까지 빛이 우리를 비추면, 죽음의 빛은 우리를 덮칩니다.

죽음에서 우리는 우리 전에 있었고, 우리 후에 있을 밤으로 가라앉습니다. 그렇기에 죽음을 비추리라고 우리가 바라는 영원한 빛은 어둡습니다, 무한하게 어둡습니다.

어둠과 밤이 우리에게 신비에 차 위협적으로 나타나기에, 빛을 통해 견딜 만하게 됩니다. 빛은 우리를 밤으로부터 보호하여 잠시나마 밤을 잊게 합니다. 빛은 우리를 밤과 연결하기도 합니다. 빛에서 밤과 어둠은 우리에게 친밀하고 그리하여 덜 스산하게 자신들을 드러냅니다. 밤과 어둠은 우리를 자신들께 끎으로, 우리에게 밝게 됩니다. 빛을 통해 밤과 어둠은 우리에게 밝게 돼, 우리는 더 깊이 밤과 어둠에 이끌립니다. 마치 어둠과 빛에서 본질적인 것이, 우리를 완성시키는 것이, 기다리는 것처럼 우리는 이끌립니다.

많은 사람들은 빛 없는 어둠에 머뭅니다. 그들은 빛 없는 어두운 어떤 것에게 끌려들어갑니다. 이러한 어둠은 비밀도, 어떤 빛나는 사랑도, 어떤 빛나는 기쁨도 없습니다. 이러한 어둠은 단지 빛의 그림자입니다. 이 어둠은 우리를 아래로 끕니다. 그러나 밤으로, 진짜 밤으로, 정말 밤으로, 빛나는 밤으로 우리를 끌지는 않습니다.

우리가 어떻게 이 어둠을 벗어납니까? 우리는 그늘에서 다시 빛으로 나옵니다.

자세를 곧게

나는 자세를 곧게 똑바로 서 있습니다. 자세를 곧게 나는 내 안에서 쉬며, 내 자리에 서 있습니다. 자세를 곧게 나는 상대입니다. 동등하게 눈과 눈을 마주하는 상대입니다. 자세를 곧게 내가 알아채기에, 다른 사람들도 나를 알아챕니다.

자세를 곧게 내가 나의 경계를 알기에, 다른 사람들도 나와 그들에게 주어진 거리를 지킵니다. 자세를 곧게 다른 사람들도 내 앞에서 자신들의 경계에 머뭅니다. 그들이 내게 상대로 머물기에, 그들은 나의 상대로서 자신에게 있기 때문입니다.

자세를 곧게 나는 손을 가능한 높이 손을 올립니다. 또한 옆으로도 가능한 넓게 폅니다. 이렇게 나는 땅과 단단하게 연결돼 있습니다. 이렇게 넓게 내가 땅에 의해 안겨 있는 것을 알기에, 나는 자세를 곧게 서서 머물 수 있습니다.

자세를 곧게 나는 내 시야를 갖습니다, 내가 적게 움직여도 나는 내 시야를 갖습니다.

나와 우리

내가 어떤 것을 원한다면, 나는 무엇이나 누구와 연결돼 있습니까? 나는 내가 원하는 것과 연결돼 있습니까? 그는 나와 연결돼 있습니까? 그는 나와 연결돼 있을 수 있습니까? 내가 원하는 대로 그가 내게 주려고 시도한다면, 나는 무엇을 받습니까? 나를 다른 사람들과 공명에 오게 하는 어떤 것을 받습니까? 우리를 함께 하게 하는 어떤 것을 받습니까? 우리를 행복하게 하는 어떤 것을 받습니까? 우리 사랑을 증진시키는 어떤 것을 받습니까? 그리하여 우리 사랑은 더 깊고, 풍부하여 더 긴밀하게 됩니까? 혹 나는 마침내 더 적게 거기 있습니까? 더 적은 사랑으로, 더 가난하게, 홀로?

그러나 내가 나를 많은 사람 중 하나라고 안다면, 그들과 함께 삶에 있고, 그들과 함께 사람이라고 안다면, 곧 내가 그들과 함께 어떤 것을 경험하려 한다면, 그리하여 우리가 함께 성장한다면, 나는 내 자아를 놓습니다. 나는 우리에게 어떤 것을 주는 어떤 것을 원합니다. 그것은 우리를 서로 함께 연결하여, 나를 본향에서도 많은 사람과 연결하게 합니다. 그 어떤 것이 분리를 철폐하기에, 나는 단번에 내가 전에는 나만을 위해 가지려고 원했던 것을 훨씬 넘는 경험들에 나를 엽니다. 혹은 다른 사람들과 경쟁에서 얻으려고 했던 것을 훨씬 넘는 경험들에 나를 엽니다. 단번에 나는 사랑에 있기에, 사랑에서 성장합니다.

이 순간 내게 어떤 것을 줄 수 있어 주려고 하는 사람도, 많은 사람에게 어떤 것을 줄 수 있습니다. 그도 많은 사람과 동시에 연결돼 있습니다. 그도 다른 사랑에, 많은 사람들을 위해 같게 사랑에 있습니다.

함께 있음

함께 있음이란 같이 있음을 말합니다. 그럼에도 각자는 존재하는 대로 자신에게 머뭅니다. 함께란 또한 서로 의존돼 있다는 말입니다. 우리가 함께 같이 있어, 머무름으로, 우리는 각자보다 더 많게 됩니다. 홀로 있는 것보다 우리는 더 풍부하고 더 원만하게 됩니다.

이상하게도 우리는 함께 있어야 우리 자신으로도 있습니다. 우리가 오직 함께 있어야, 우리는 정말 우리 자신으로, 온전하게 우리 자신으로 충만돼 있습니다.

무엇보다 남자와 여자는 함께 있습니다. 남자가 여자와, 여자가 남자와 함께 있어야만, 그들은 서로 함께 있어, 함께 살아, 함께 온전하게 생명에 서서, 생명에서 온전하게 자신들을 경험합니다.

함께 있음이란 함께 성장하여 함께 더 많이 됩니다. 거기에서 각자는 자신의 충만에 옵니다. 함께 사는 상대와 함께 각자의 충만에 옵니다.

상대에게 성장의 방향을 지시하거나 강요하지 않고, 각자가 자신의 방법으로 성장하며, 상대에게서 자신의 방법으로 성장해도 되어야, 우리는 함께 있어, 함께 성장하면서 우리에게 머물 수 있습니다.

이렇게 함께 성장할 수 있고 성장해도 되는 게 사랑입니다. 둘은 자신들에게 맞는 자신들의 길에 머뭅니다. 둘은 서로 잡으면서도 놓습니다.

그럼 둘은 길에서 어디로 향합니까? 자신과 상대를 넘어, 서로 함께 자신들을 무한하게 경험하는 곳으로 향합니다. 서로 함께였고 있을 모든 것에서 자신을 경험하는 곳으로 향합니다. 그리하여 둘은 경계 없이 무한한 어떤 것과 함께 거기 있습니다.

무한하게 거기

우리는 무한한 것을 경계 없이 상상합니다. 무한한 것에 제한된 모든 것은 녹습니다. 우리도 그 안에 녹습니다. 무한하게 거기 있기 위해 우리는 무한한 것에 녹으려고 합니다. '녹아 거기 있다'는 것은 모순이 아닙니까? 있는 모든 것은 우리에게 제한돼 있지는 않습니까?

사랑은 아닙니다. 거기 있는 어떤 것에 사랑은 붙어 있습니다만, 그렇다고 사랑이 제한돼 있지는 않습니다. 사랑은 종말에 올 수 없는 움직임이 아닙니까?

오직 무한한 사랑만이 종말에 오지 않습니다. 이 사랑이 상상됩니까? 모든 존재의 근원의 움직임으로서 이 사랑은 상상됩니다. 존재하는 모든 것을 움직이게 하는 근원이지만, 스스로는 모든 움직임들 너머에서 마지막에 머무는 근원의 움직임으로서 이 사랑은 상상됩니다. 또한 그 근원은 스스로에게서 떠나보낸 존재 너머에 머뭅니다.

이 움직임은 어떤 것을 원합니다. 존재하는 대로 어떤 것을 원합니다. 왜 이 사랑이 어떤 것을 원합니까? 존재하는 대로 어떤 것을 원합니까? 이 움직임이 사랑의 움직임이 아닌 다른 것으로 상상될 수 있습니까? 시작뿐 아니라 끝과 경계도 없이 무한하게, 무한한 사랑의 움직임의 아닌 다른 것으로 상상될 수 있습니까?

이 움직임이 우리를 덮쳐, 우리가 덮치는 대로 사랑하면, 우리가 없어질 수 있습니까? 우리의 사랑이 없어질 수 있습니까? 우리가 이 사랑에서 무한하게 거기 있지는 않습니까? 우리가 이 사랑에서 무한한 어떤 것에 녹아 거기 있지는 않습니까? 무한한 어떤 것에 무한히 거기 있지는 않습니까?

제가 왜 이 말씀을 드립니까? 깊고 지속하는 모든 인간적인 사랑이 이 무한한 사랑의 움직임에 머문다면, 그 인간적인 사랑은 무한한 어떤 것이 아닙니까? 이 인간적인 사랑이 이 무한한 움직임의 곁에서 이 무한하게 상상될 수밖에 없는 거기 있음인 동시에 거기 있지 않음을 향해 머문다면, 이 인간적인 사랑이 무한한 어떤 것이 아닙니까? 이 인간적인 사랑은 그리하여 영원한 생일이 아닙니까? 날마다 새롭게?

깨달음

깨달음은 개인적입니다. 우리는 이 깨달음을 밖에서 오는 것으로 경험합니다. 표면적으로 그리하여 감각으로 경험합니다. 예를 들면 눈에 보이게 나타나게나, 소리나 목소리로 들리게나, 가끔 음악으로도 경험합니다. 또한 접촉으로도 경험됩니다. 격렬하거나 부드럽게, 가끔 끌려 이끌리기도 합니다. 또는 높이 들려지거나 땅에 내던져지기도 합니다.

가끔 우리에게 이 움직임이 의식되기도 하지만, 우리가 제 정신이 아닐 때도 있습니다. 예를 들면 가끔 치유 자들은 어떤 힘에 사로잡혀, 의식이 있는 것처럼 하면서, 놀랄만한 것을 이룹니다. 자신들이 무슨 일을 위해 사로잡힌지 알지 못하고, 깨어납니다. 이걸 경험한 사람들은 결과를 보고, 그 결과에 놀라워합니다.

질문은, 우리가 여기에서 깨달음이라고 말해도 되느냐 입니다. 깨달음은 의식뿐 아니라 지식과도 연결되기 때문입니다. 그러나 이 움직임에 덮쳐진 사람은 자신이 덮쳐졌다는 것을 압니다. 이미 죽은 사람은, 자신에 의해 덮쳐진 사람을 통해 계속 작용하며 생명에 봉사하려 합니다.

이와 관련돼 누군가가 하나의 사상에 봉사하게 된 다른 경험도 있습니다. 그 사상은 그리하여 사람들을 영웅적인 행동으로 몰아, 결국엔 많은 사람들에게 파멸을 가져왔습니다.

이 움직임도 밖에서 왔습니다. 저항할 수 없이, 그렇게 크고 강렬하게, 그리하여 그 움직임은 많은 사람들을 사로잡은 신적인 소명이나 신적인 깨달음으로 경험됐습니다.

이 두 움직임은 어떻게 구별됩니까? 그 움직임들에 덮쳐진 사람들이 구별할 수 있는 능력이나 있습니까? 그들이 구별하도록 허락받기나 합니까?

질문은, 그런 움직임이 우리를 어떻게 덮치느냐 입니다. 우리를 직접 덮칩니까? 또는 간접으로 덮칩니까? 곧, 우리가 자유롭습니까? 또는 우리도 직접 덮친 사람들처럼 자유롭지 않습니까?

첫 움직임이 자신들을 데려가면, 많은 사람들은 정신을 잃습니다. 그럼에도 그들은 이 움직임에 간접으로 덮쳐졌습니다. 직접 움직임에 덮쳐진 사람을 그들은 따릅니다.

그리하여 위대한 대중운동이 시작합니다. 창시자를 시작으로 하는 종교들이 일어납니다. 한 지도자의 사상이나 지시를 따르는 사회 운동들도 일어납니다. 그 지도자도 종교적인 창시자들처럼, 자신을 따르는 사람들에게 자신의 사상으로 약속합니다. 그리하여 많은 사람들은 그를 중심으로 그 사상을 전파하기 위해 모입니다.

당연히 우리는 내면의 움직임을 밖에서 오는 깨달음으로 경험하기도 합니다. 우리는 내면의 움직임을 넓은 결과를 갖는 갑작스런 통찰로 경험합니다. 우리는 무엇보다 우리뿐 아니라 다른 사람들을 위해 그 통찰을 다음 단계를 확실하게 아는 앎으로 경험합니다.

이 의미에서 우리는 통찰을 구체적 행동을 위해 선물로 주어진 깨달음으로 경험합니다. 가끔 우리는 위험에서 벗어나는 경험도 할 뿐 아니라, 도움을 받기 위해 우리를 기다리는 사람들에게 자신도 모르게 끌려가기도 합니다. 우리는 나중에 아는 힘이 밖에서 개입했다는 것을 인식합니다.

깨달음은 무엇보다 존재하는 모든 것과 존재하는 대로 하나라는 경험으로서 체험됩니다. 이 경험에서 우리와 다른 사람들 사이에 세워진 경계들이 무너집니다. 또한 우리와 존재한 대로의 세계 사이에 세워진 경계들도 무너집니다. 그렇기에 깨달음은 원래 사랑의 경험입니다. 포괄적인 사랑의 경험입니다.

이 경험에는 의무가 없습니다. 밖에서 어떤 것이 우리를 사로잡지도 않습니다. 이 경험에선 지도자나 따르는 사람도 없습니다. 어느 누가 앞서 가지도, 또는 뒤따르지도 않습니다. 이 경험에서는 또한 이뤄져야 할 어떤 목표도 없습니다. 이 경험에서 우리는 모두뿐 아니라 모든 것과 함께 우리가 완성돼 거기 있음을 경험합니다.

3장

'그렇습니다, 어디에도 머뭄이 없다는 것입니다'

| 마리아 릴케의 첫 번째 두이너저의 비가에서 |

이별

이별이란 어떤 것이 지나도 된다는 것입니다. 무엇보다 죽어 있는 사람들과 우리의 이별입니다. 사랑한 사람들과의 이별은 시간이 지나야 합니다. 그들에게 슬퍼함으로 이별이 됩니다. 우리의 이별은 슬픔을 필요로 합니다.

여기에서 슬픔은 무엇입니까? 그들이 우리 삶에서 무엇을 의미했는가를 우리는 기억합니다. 무엇보다 우리의 슬픔으로 우리가 그들로부터 받은 좋은 것을 존경으로 보존하여, 그것이 우리 삶에서 계속 작용할 수 있게 하여, 우리에게 현존하게 한다고 승인하는 것입니다. 그럼 우리는 그들과, 그들은 우리와 이별할 수 있습니다.

우리가 죽어 있는 사람들로부터 그들이 더 이상 줄 수 없는 것을 원하면, 슬픔은 이뤄지지 않습니다. 우리가 그들에게 예를 들면 유산을 요구하면 슬픔은 되지 않습니다. 혹은 유산이 그들께 속하지 않고 우리에게 속한다 하면서, 우리가 유산문제로 다툰다면 되지 않습니다. 혹은 유산을 그들이 원하는 대로 그들의 축복과 함께 관리하려고 하지 않으면 이별은 이뤄지지 않습니다.

우리가 간 사람들에게 우리가 그들에게 행한 어떤 것 때문에 아직도 괴로워하고 있으면, 그들이 그들인 대로가 아니라 다르게 있을 수 있었다고 하면서 아직도 원망하고 있으면, 그리하여 그들이 한 것과 다르게 행동할 수 있었다고 하면, 이별은 이뤄지지 않습니다. 이 원망으로 우리는 여기에서 우리의 생명과 어느 의미에서 이별하여, 죽어 있는 사람들에게 머뭅니다. 그들뿐 아니라 그들이 행한 것과 그들이었던 것이 영원히 지나는데도 우리는 그들에게 머뭅니다. 혹 우리는 그들을 죽음의 세계에서 데려와 재판정에 세워, 여기에 잡아놔, 그들이 우리를 떠나 죽어 있는 사람들에게 가려는 것을 거절합니다. 그리하여 우리는 그들을 우리를 떠나 죽어 있는 사람들에게 보내지 못합니다.

무엇보다 우리가 죽어 있는 사람들에게 아직도 죄책감을 가지면 슬픔은 이뤄지지 않습니다. 예를 들면 우리가 그들을 홀로 둬, 그들의 삶을 어렵게 하여, 그들이 해를 입었기에, 그들이 아파했다면, 아마 더 나아가 그들의 죽음에 우리가 책임져야 한다면, 이별은 이뤄지지 않습니다. 우리가 우리 힘으로 다시 좋게 할 수 없다는 것을 우리는 압니다. 여기에서 우리가 아무 힘없음에 우리는 머뭅니다.

우리가 다른 사람들에게 죽어 있는 사람들의 죽음에 대한 책임을 미룬다면, 슬픔과 이별은 이뤄지지 않습니다. 죽어 있는 사람들을 보지 않고 가해자들을 보면서 우리는 가해자들과 함께 죽어 있는 사람들을 제외합니다. 그리하여 우리는 죽어 있는 사람들에게 그들의 죽음을 거절합니다. 또한 우리는 그들의 죽음과 죽음의 상황을 안타까워하면서도 그들의 죽음을 거절합니다. 우리가 어떤 사람의 죽음에 책임을 느껴도 마찬가지입니다.

그 뒤에는 누군가가 자신의 내면의 동의에 반하며 죽을 수 있다는 상상이 작용합니다. 마치 그가 자신의 죽음의 상황들을 통해, 그의 시작과 종말을 다른 사람들과 똑같게 결정하는—사랑으로 결정하는—창조적인 힘과 공명을 잃는다는 상상이 작용합니다.

이 혼란은 더 계속 됩니다. 많은 사람들은 죽어 있는 사람들을 위해 복수할 수 있어 복수해야 한다고 생각합니다. 누구에게 복수한단 말입니까? 그들의 죽음 때문에 다른 사람들에게 복수한다면, 죽어 있는 사람들에게 무엇이 생깁니까? 이 복수가 신을 향하는 것은 아닙니까? 죽음이 죽어 있는 사람들에게 어떤 것을 가져왔다는 것을 모르는 것은 아닙니까? 복수하는 사람들은 자신들의 복수를 통해 죽어 있는 사람들과 연결을 잃어, 모든 것을 지나게 하는 이별을 거부하지는 않습니까?

이별이 없으면, 우리에겐 죽어 있는 사람들이 존재하지 않습니다. 이별을 통해서만, 그들로부터 계속 우리 생명에—그리고 평화에—봉사하는 어떤 것이 우리에게 머뭅니다. 그들과 사랑의 이별을 통해서만, 우리 생명은 자신의 충만에 도달합니다.

우리가 비난하는 죽어 있는 사람들도 우리에게 존재하지 않습니다. 예를 들면 살인자들입니다. 우리가 그들과 이별해야만, 모든 것은 지나도 됩니다. 온전하게 영원히 지나도 됩니다. 우리와 그들을 위해 지나도 됩니다.

죽는 사람들이 죽으면서 시간에 있는 것을 축복하는 것처럼, 우리도 시간에 있는 것을 죽어 있는 사람들과 함께, 그들과 이별하면서 축복합니다. 우리는 어떤 것이 우리와 그들을 위해 지나도 된다고 동의합니다. 동시에 그들로부터 어떤 것이 머문다고 우리는 동의합니다. 어떤 것이 우리를 위해 머문다고 동의합니다. 우리가 죽으면, 우리도 우리 시간이 지나도 된다고 하면서, 축복하는 동시에 축복받으면서 우리로부터도 어떤 것이 머문다고 알면서 동의합니다.

홀로

어떻게 내가 홀로를 느낍니까? 내 안에서, 오직 내 안에서만 느낍니다.

그런데, 내가 홀로입니까? 나는 내 생애에서 많은 사람들의 많은 사랑을 경험했습니다. 내가 도움이 필요했을 때, 얼마나 많은 사람들이 나를 도왔습니까? 나에게 기뻐하는 얼마나 많은 사람들을 나는 만났습니까? 내가 고생하거나 위험에 처했을 때, 얼마나 많은 사람들이 제 때에 거기 있었습니까?

내가 홀로라고 느끼면, 그들은 어디 있습니까? 내 내면의 상들에게, 기뻐하는 내 기대에, 그때의 내 행복감에, 그들은 그때처럼 지금도 거기 있습니다. 나는 내면에서 그들을 상상만 하면 됩니다. 그럼 나는 이미 다시 사랑의 품에 있습니다.

우리는 다른 면도 보아야 합니다. 내가 누구를 홀로 두었습니까?

내가 누구를 거절했습니까? 내가 돌아올 때까지, 누가 나를 오랫동안 기다렸습니까?

여기에서도 나는 내 내면의 상들을 통해 어떤 것을 고쳐, 확실하게 합니다. 지금 내가 그들에게 기뻐한다고, 내가 상상만 하면 됩니다. 내가 그때 고려하지 않은 것을 나는 내면에서 늦게나마 완성합니다. 이제 나는 상을 그립니다. 가능한 빨리 그들에게 가려고 나는 노력합니다. 예를 들면 나를 기다리는 어머니에게, 나를 그리워하는 배우자에게, 아무도 자신에게 올 수 없었기에 절망에 빠진 자녀에게, 아마 홀로 있는 환자에게.

그 상황들을 상상하여, 이제까지의 내 내면의 상들을 정정합니다. 그러한 기대에 있는 나를 나는 경험합니다. 무엇이 그들에게 기쁨을 가져다 줄 것인가를, 내가 그들에게 무엇을 가져갈 수 있는가를, 나는 상상합니다. 내가 어떻게 내 시간과 사랑 그리고 기쁨을 선물할가를 상상합니다. 그리고 그들이 내게 그들의 시간과 사랑 그리고 기쁨을 선물하게 합니다. 이미 나는 더 이상 홀로가 아닙니다.

그리하여 내 시간은, 많은 사람들, 그렇게 많은 귀중한 기억들, 다른 사람들과 함께 한 그렇게 많은 행복한 시간들로 꽉 차게 됩니다.

아마 나는 지금 상상할 수 있습니다. 누가 나에게서 모든 것에 기뻐하며, 내가 누구에게서 모든 것에 기뻐합니까? 그럼 이 느낌에 의해, 이제까지와는 다르게, 금방 행동이 따릅니다. 나는 금방 이미 열리고 넓어져 홀로가 아닙니다.

많은 사람들은 신과 함께 홀로 있으려고 원합니다. 그럼 그들이 신과 함께 홀로 있습니까? 신과 함께 홀로 있으려고 우리가 원한다면, 어떻게 하면 잘 됩니까? 우리는 다른 사람들에게 갑니다. 기대에 차, 그들에게서 유쾌하고 행복하게 우리 자신을 잊으면서, 우리를 잃습니다. 그리하여 고향에 있는 우리를 느낍니다. 누구에게서?

일시적인

우리가 우리 근원인 말할 수 없는 영적인 움직임(그 움직임에서 우리가 오고, 그 움직임을 향해 우리가 움직이고 있는데)과 연결됨을 경험하면, 어떤 것도 이 움직임으로부터 떨어져 나올 수 없습니다.

어디로 떨어져 나오겠습니까? 어떤 것이 이 움직임 밖에 있을 수 있습니까? 존재하길 멈추는 움직임으로 어떤 것이 올 수 있겠습니까?

우리에게 일시적으로 나타나는 모든 것은 이 마지막과 연결돼 있습니다. 그 마지막은 그것이 어떻게 움직여 무엇을 하든, 그것을 안고, 그것을 향하고 있습니다.

오직 제한된 시야와 견해를 가진 우리 눈에게만, 그것이, 우리를 지나 끝나면서, 우리에게 지난 것처럼 보입니다.

우리가 지나게 하고 싶어 주어버리려 하는 모든 것도 같습니다.

일시적으로 지난 곳에서도, 그것은 거기 있습니다. 그것이 온 근원은 그의 근원으로 있기 때문입니다.

일시적인 것은 우리에게 되돌아옵니다. 그런데, 였던 대로가 아닙니다. 그의 움직임이 계속 가기에, 그것은 우리에게 다르게 되돌아옵니다. 그것이 다른 것과 함께 지나갔기에, 다른 것과 함께 움직여 그로부터 공동의 어떤 것이, 더 포괄적인 어떤 것이, 움직임에 왔기 때문입니다. 아마 우리를 그 움직임에 함께 데려가게, 아마 지속적으로 우리를 데려가게, 우리에게 되돌아옵니다.

우리는 일시적인 것과 어떻게 관계합니까? 그것이 자신의 시간에 지나게 합니다. 다시 오게, 새롭게 다시 오게, 더 풍부하게 다시 오게, 더 영적으로 다시 오게, 우리를 위해 다시 오게, 지나게 합니다.

같은 방법으로 우리도 다른 사람들을 위해 일시적입니다. 우리도 얼마 동안입니다. 우리도 다시 옵니다, 다르게 다시 옵니다. 더 풍부하게 다시 옵니다. 우리는 그들을 우리 움직임에 데려갑니다. 그들도 우리를 그들의 움직임에 데려갑니다.

이름 없는

영적인 것은 이름이 없습니다. 이름을 주자마자, 나는 영적인 본질을 떠납니다. 그리하여 나는 내 안에서 작용하는 것에, 나의 가장 깊은 내면과 마지막에, 폭행을 가합니다.

내 안에 작용하고 있는 움직임에 이름을 주어도 같은 게 발생합니다. 예를 들면, 아픔과 고통, 염려나 갈망입니다. 그것들이 아직도 영적인 정신의 움직임들입니까? 혹 내가 이름을 줌으로 그것들에 있는 영적인 정신의 움직임들에 내가 대항하지는 않습니까? 그 이름으로 내 안에 있는 영적인 정신의 사랑의 움직임을 방해하지는 않습니까? 더 나아가 이름으로 나는 내 안에 있는 이 사랑을 대신해 나를 세우지는 않습니까? 그리하여 그 움직임이 이 사랑을 통해 내게 기꺼이 주려고 하는 것 대신 나를 세우지는 않습니까?

무엇보다 어떤 이름들이 영적인 정신의 사랑에 대항합니까? 어떤 이름들이 그 사랑을 막아, 더 나아가 그 사랑을 왜곡합니까?

그리하여 영적인 정신의 이 움직임들에게 마치 반대가 있을 수 있게 합니까? 그러나 우리가 이름을 줌으로 우리 안에서 그 움직임들은 즉시 왜곡됩니다. 이 이름들은 무엇보다 우리 태도에서 우리를 영적인 정신들과 절연합니다. 모든 것이 존재하는 대로, 모든 것을 같게 사랑하는 사랑의 움직임과 우리를 절연합니다. 이름들은 우리를 만나는 모든 것에 있는 영적인 정신의 사랑으로부터 우리의 주의를 돌립니다. 우리 안과 영적인 정신을 통해 거기 있는 모든 것 안에 있는 사랑으로부터 우리의 주의를 돌립니다.

이 이름들은 나와 너입니다. 그리고 '나의'와 '너의'입니다.

교환되는 상들

지난 어떤 것이 어떻게 나의 현실이 됩니까? 내가 지난 어떤 것에서 상을 만들 때입니다. 내 관심과, 상과 연결된 느낌들을 끄는 상을 만들 때입니다. 실제 무엇이 발생했는가, 또는 그것이 발생했는가는 문제가 되지 않습니다. 현실로부터 내가 만든 상이 문제입니다. 이 상이 내게 그 현실을 현실로 만듭니다. 그 현실은 지금 그 상과 연결된 느낌들에 의해 내 안에서 현실이 됩니다.

미래에 대해서도 마찬가지입니다. 내가 미래에 대해 상상하는 것은, 내가 미래에 대해 만든 상에 의해 내게 미래가 됩니다. 여기에서도 마찬가지로 미래를 지금 내게 현실이 되게 하는 일정한 느낌들과 상은 연결됩니다.

과거는 내게 일정한 느낌들을 생생하게 불러일으켜 나를 느낌들과 연결하는 상입니다.

우리가 이 과거로부터 우리를 풀 수 있습니까? 과거가 우리에게 과거의 현실을 잃을 수 있습니까?

하나의 방법은 과거를 다른 눈으로 보는 것이겠습니다. 우리는 과거로부터 다른 느낌들을 불러일으키는 다른 상을 만듭니다. 우리는 과거를 정화시켜 봅니다. 과거가 우리에게 무엇을 가져다주었는가, 또는 과거가 우리를 어떻게 성장하게 했는가의 상을 만듭니다. 단번에 우리는 이 과거와 화해합니다.

당연히 그것은 단지, 우리가 과거를 다른 방법으로 우리에게 현실이 되게 하는 다른 상입니다. 우리로 하여금 느낌들에 앞선 상과 연결된 어려움을 넘겨하는 다른 느낌들을 가진 상입니다. 정말 그 과거가 있었는가는 중요하지 않습니다. 과거에 대해 우리가 무엇을 생각하든, 그리고 그 느낌들이 무엇이든, 그 생각들과 그 느낌들에서 과거는 우리에게 현실이 되기 때문입니다. 과거는 오직 우리에 의해 만들어진 내면의 상을 통해 지금 현실이 됩니다. 이 의미에서 우리는 과거를 우리 손에 갖습니다. 우리가 과거에 주는 의미를 통해 우리는 과거를 우리 손에 갖습니다.

미래도 마찬가지입니다. 미래도 하나의 상입니다. 미래는 우리가 미래에 대해 만든 상들과 이 상들이 우리 안에 불러일으키는 느낌들에 의해 현실이 됩니다.

반대로 우리의 상들이 어떤 느낌들에서 올 수도 있습니다. 곧 우리가 먼저 어떤 느낌들을 갖고, 우리 내면의 상들은 그 결과일 수도 있습니다. 가끔 이 느낌들과 상들은 서로 상관관계를 갖습니다. 그리하여 현실이 아닌데도, 우리에게 주어진 것으로 우리가 간주하는 현실이 됩니다.

현실은 거의 우리 손에 달렸습니다. 지난, 미래의 그리고 우리의 지금 현실은 거의 우리 손에 달렸습니다. 현실은 우리의 상들과 이 상들에서 우리가 만든 의미와 느낌들에 달렸습니다. 우리는 그 느낌들로 상들을 유지합니다.

이 상들 없이 우리가 살 수 있습니까? 예를 들면 우리는 우리 과거를 잊을 수 있습니까? 이렇게나 또는 저렇게 과거로부터 상을 만들지 않고 과거를 잊을 수 있습니까? 그리하여 우리는, 이 상들과 우리가 연결하는 느낌들로부터 우리를 풀 수 있습니까? 있다면, 잊음이 이 상들 너머에 있는 다른 현실에 우리를 열게 하는 결정적인 걸음입니다. 어떤 느낌도, 상도 없는 영적인 현실을 위해 잊음이 결정적인 걸음입니다. 이 현실에서 우리의 상들과 느낌들은 현재에 녹습니다. 이 현재에서 모든 것은 과거나 미래 없이 새로운 창조적인 어떤 것을 위해 열려 있습니다. 오직 거기, 지금 거기, 충만돼 거기 열려 있습니다.

선물로 주어진

우리에게 어떤 것이 조건이나 빚으로 주어진다고 생각하거나, 거절된다는 의미에서 유보돼 있다고 생각하면, 그것이 우리 생각이어도 그 생각은 이뤄집니다. 곧 그것은 우리를 벗어납니다. 그리하여 우리는 우리에게 선물로 주어진 많은 것에 우리를 닫습니다. 우리에게 귀속되기 위해 우리가 받기만 하는 많은 것에 우리를 닫습니다. 어떤 조건이나 의무 없이 우리에게 주어진 많은 것에 우리를 닫습니다.

이것도 생각입니다만, 우리가 생각하기에, 이 생각은 이뤄집니다.

우리가 그런 선물을 받을 자격이 없다고 내면에서 생각하기에, 우리는 이뤄지는 생각을 자신 있게 하지 않을 겁니다. 예를 들면 온전한 건강이나 성공 그리고 충만한 사랑 등입니다.

우리를 그 많은 선물로 채우려는 각오에 무엇이 반대합니까? 우리가 죄를 지었기에 그렇게 크고 자유롭게 하며, 기쁘게 하여 놀라게 하는 선물을 우리가 받을 자격이 없다는 우리 생각들입니다. 우리가 생각하기에, 이 생각들도 이뤄집니다.

우리가 이 생각들로 어떻게 하면, 이 생각들이 힘을 잃어, 우리가 그 생각들부터 우리를 풉니까?

우리는 우리 죄를 우리에게 용서합니다. 우리가 생각하기에, 우리에게 죄 있다고 생각하는 사람들도 우리는 용서합니다. 다른 사람들에게 죄가 있다고 우리가 생각하면, 우리는 우리를 용서합니다. 우리는 다른 사람들과 우리에게 있는 죄로부터 우리를 내면에서 풉니다. 무엇보다 우리는 우리나 다른 사람들이 죗값을 치러야 한다는 생각들로부터 우리를 풉니다.

누구에게 죗값을 치러야 합니까? 그런 치름을 누가 기대하며 강요합니까? 이 생각들 뒤에 어떤 생각들이 있습니까? 그리하여 우리는 그 생각들이 이뤄지길 기다립니까?

그건 증오입니다. 우리나 다른 사람들을 향한 증오입니다. 죄책감은 증오감이기 때문입니다. 증오감은 우리나 다른 사람들의 어떤 것을 작게 하려거나 없애려는 생각들에서 오기 때문입니다. 우리가 그렇게 생각하기에, 그 생각들도 이뤄집니다.

어떻게 우리가 이 생각들을 극복합니까? 우리가 어떻게 그 생각들을 우리 뒤로 합니까? 어떻게 우리가 사랑의 생각들에 열려져 넓게 됩니까?

우리는 이 생각들이 우리에게서 떠나게 합니다. 다른 사람들에게서도 이 생각들이 떠나게 합니다.

이 생각들을 넘어 성장하여, 우리에게 언제나 선물로 주어지는 것에 어떻게 넓어지게 됩니까? 우리가 열고 고마워하기만 하면 되는, 충만하게 주어지는, 선물에 우리를 열게 됩니까?

우리는 사랑의 생각들을 생각합니다. 무엇보다 우리는, 우리가 사랑받는다는, 바로 우리인 대로 사랑받는다는, 사랑의 생각들을 생각합니다. 다른 모두도 그렇게 사랑받는다는 사랑의 생각들을 생각합니다. 그렇기에 우리는 우리와 다른 사람이 사랑받는 대로 우리와 다른 사람을 사랑합니다. 그리하여 우리나 다른 사람을 사랑받는 데에 그대로 둡니다. 거기에서 그 사람뿐 아니라 우리도 모든 선물에, 모든 생명에, 모든 사랑에, 모든 행복에, 온전한 은총에, 우리를 엽니다.

봉사

우리는 봉사하게 부름받습니다. 봉사란 봉사하게 사로잡힌다는 말입니다. 누구에게? 우리를 창조적인 움직임으로 데려가는 창조적인 힘에게 봉사하게 사로잡힌단 말입니다. 이 봉사해도 됨과 봉사해야 함이 은총입니다.

이 은총이 우리 삶입니다. 우리에게 결국 삶이, 창조적으로 계속 가는 어떤 것을 위해 봉사하게 사로잡힘이 아닌 다른 것일 수 있겠습니까?

이 봉사로 보답을 기대하는 사람은 은총을 모릅니다. 이건 마치 우리가 우리 삶을 위해 보답을 기대하는 것과 같습니다. 생명에 봉사하는 것 말고 봉사를 넘어 다른 것이 있는 것처럼 하는 사람은 은총을 모릅니다. 봉사가 가장 큰 보답입니다. 봉사에서 우리 생명은 이뤄져 충족되기 때문입니다. 봉사를 거절하는 사람은 생명을 거절합니다.

당연히 우리는 다른 사람들을 위하는 봉사나 일로 응분의 보답을 기대합니다. 이 보답은 누구에게 봉사합니까? 이 보답은 우리의 봉사에게 봉사합니다. 오직 그래야만 우리는 계속 봉사할 수 있기 때문입니다. 이 보답은 우리의 봉사와 떼어질 수 없습니다.

그럼에도 우리가 먼저 보답을 바라보면, 우리의 봉사와 결국 우리의 보답도 잘 되지 않습니다. 우리의 봉사가 없는 우리가 받는 보답에게 무엇이 남겠습니까? 우리가 받는 보답이 계속 창조적일 수 있겠습니까? 오직 우리의 봉사를 통해서만 우리가 받는 보답은 생명에 봉사합니다.

우리가 신에게도 봉사합니까? 더 나아가 신이 우리에게 봉사합니까? 신이 우리의 봉사에 보답합니까? 봉사했기에 우리가 신으로부터 보답을 기대한다면, 우리의 봉사에게 무엇이 남습니까? 계속 창조적인 봉사로 있습니까? 봉사와 공명에서 신의 은총으로 안겨가는 봉사로 있습니까?

여기에서도 우리의 봉사는 동시에 우리가 받는 보답입니다. 신의 움직임과 공명에 있는 우리의 봉사는 사랑입니다. 이뤄져 가득찬 사랑입니다.

집으로 데려간

이제 나는 너를 집으로 데려온다. 누구를? 너를, 나는 너를 나쁘게 여겼다. 네가 나에게 권력을 행사했다고 생각했기에, 나는 내 삶에서 두려움을 느꼈다. 그 후부터 나는 너를 내 사랑에서 제외했다. 그 후부터 너는 내게 없다. 아마도 나도 너에게 없을 것이다.

나는 이제 너를 집으로 데려온다. 드디어 데려온다. 네가 없으면 내가 도대체 무엇이겠느냐? 내가 없으면 너는 무엇이겠느냐?

너도 무한한 어떤 것과 하나가 아니더냐? 너도 나와 함께 무한한 어떤 것을 향하는 길 위에 있지 않느냐? 내가 나쁘다고 한 것에도 나와 너를 움직임에 봉사케 하는 다른 움직임이 작용한 것은 아니냐?

이제 나는 너와 그때 발생한 것을 넘어 이 무한한 것을 바라본다. 그 무한한 것 앞에서, 우리와 우리가 느끼고 행하는 것은 다른 목표들에 봉사하여, 우리는 함께 이 목표들을 위해 각자 다르게 움직여진다. 이 움직임에서 우리는 함께 집으로 데려간다. 드디어 데려간다.

내가 권력을 행사했기에, 나를 나쁘게 여긴 사람들도, 내가 그들의 사랑을 보지 못하여 그들을 거절했기에 정당하게 나를 나쁘게 여긴 사람들도, 이제 나는 사랑으로 집으로 데려온다.

아마 너희도 나를 너희의 사랑에서 제외했을 것이다. 그리하여 너희는 내게 없다. 나도 너희에게 없을 것이다. 이제 나는 기꺼이 너희가 내게 선물한 것을 존중하여 사랑으로 받는다. 너희에게 감사한다. 나를 위해 너희가 짊어진 것을 이제 나는 내 영혼과 내 사랑으로 데려온다. 너희를 통해 나는 내가 풍부하고 온전한 것을 경험한다. 고맙다.

동시에 나는 너희를 넘어, 얼마 동안 우리를 함께 이끌어, 많은 사람에게 도움이 되었던 많은 것을 위해 우리를 봉사케 한 영화된 정신을 바라본다.

이 움직임에서 우리는 함께 집으로 간다. 드디어 집으로, 완성돼 집으로, 사랑으로 집으로 간다.

더 좋게

내가 다른 사람들보다 더 기분 좋게 느끼면, 나는 더 좋습니까? 내가 다른 사람들보다 더 기분 나쁘게 느끼면, 나는 더 나쁩니까?

질문은, 내가 더 기분 좋게 또는 더 기분 나쁘게 느낀다면, 무엇이 앞섰습니까? 어디에서 이 느낌들이 옵니까?

무엇이 나를 더 기분 좋게 느끼게 합니까? 내가 더 기분 나쁘게 느낀다면, 나는 무엇이 내게 반대하는 것을 경험합니까?

내가 공명에 있다는 걸 알면, 나는 더 기분 좋게 느낍니다. 내가 어떤 것을 잃었기에 절연돼, 내가 떠난 걸 느끼면, 나는 더 기분 나쁘게 느낍니다.

내가 이렇게 기분 나쁘게 느끼면, 나는 무엇을 잃었습니까? 지속할 수 있는 어떤 것을 잃었습니까? 혹 어찌하든 지난 어떤 것을 잃었습니까? 다른 크고 지속하는 어떤 것에 대항하고 있는 것에게 내가 아직도 매달려 있지는 않습니까? 그것은 결국 크고 지속하는 어떤 것에게 굴복하지는 않습니까?

내가 더 기분 나쁘게 느낀다는 것은 다른 데에서 옵니다. 나를 나로부터 다른 데로 데려가는 사랑으로부터 옵니다. 다른 사랑이 나를 봉사하게 잡기에, 나는 더 기분 나쁘게 느낍니다.

내가 더 기분 좋게 느낀다면, 어떠합니까? 나는 어떤 힘과 공명에 있습니까?

홀로 있는 것에 내가 덜 두려워하기에, 나는 더 기분 좋게 느낄 겁니다. 혹 나를 누군가가 더 사랑한다고 나는 상상합니다.

여기에서 나에게 중요했던 사랑은 누구의 사랑입니까? 그들이 아직도 거기 있습니까? 혹 내가 단지 그들이 나에게 동의하는 상을 만들기에, 나는 더 기분 좋게 느낍니까? 그들을 상상하며 내가 어떤 것을, 좋은 어떤 것을, 생각하기에 더 기분 좋게 느낍니까? 그 상이 나에게 용기를 주며, 나에게 그들의 사랑을 확신시키기에, 내가 더 기분 좋게 느낍니까? 그들 뒤에 숨어 있는 두려움을 추방하기 위해, 내가 그 상을 쉬지 않고 새롭게 하여, 새로운 것을 시도하지 않으면, 얼마 동안 그 더-기분-좋음이 지속되겠습니까?

내 근원과의 공명에서 나는 정말 더 기분 좋게 느낍니다. 그 근원으로부터 나는 나의 존재를 갖습니다. 지금과 앞 존재의 근원을 갖습니다. 이미 언제나 거기 있지 않았다면, 내가 어떻게 시작할 수 있었겠습니까? 이 공명에서 나는 무한한 근원과 하나가 됩니다. 무엇이 나를 이 순간 만나도 나는 언제나 그 근원에 이미 언제나 있었으며, 있습니다.

도대체 내가 전보다 더 기분 좋게 느낍니까? 내가 전보다 더 좋습니까? 그렇다면 전에 있었던 것이 그 근원과 더 적게 연결돼 있었겠습니다. 이게 가능하기나 합니까?

물론 이 근원과의 공명에서 우리가 언제나 움직임에 있다는 것을 우리는 경험합니다. 우리가 이 순간 어떤 상태에 있어 어떻게 느끼든지, 더 기분 좋게, 또는 더 기분 나쁘게 느끼든지, 우리는 이끌립니다. 공명에서 이끌립니다. 지속적으로 이끌립니다. 확실하게 이끌립니다.

더 좋다거나 더 나쁘다는 것이 아직도 어떤 역할을 합니까? 우리뿐 아니라 우리와 관계에 있거나 있었던 모두와, 우리가 이 순간 관계하려는 모두가 같은 근원으로부터 와, 그 근원에 의해 이끌린다고, 우리가 인정한다면 우리는 우리의 걱정으로부터 그들을, 그들의 사랑으로부터 우리를 저 멀리 떠나보내, 우리와 그들은 우리 근원 앞에 아무런 힘없이 머뭅니다, 오직 그 근원만 의지하면서.

그럼 우리는 그 근원과의 공명에서 더 기분 좋거나 더 기분 나쁘게 느낍니다. 우리가 그 근원에 의해 이끌리는 대로, 그 근원과 공명에 머물면서, 더 기분 좋거나 더 기분 나쁘게나 같게 사랑받으면서 확실하게 느낍니다.

헌신獻身

헌신에서 나는 놓으면서, 안겨집니다. 헌신으로 나는 다른 움직임으로, 다른 사랑으로, 데려갑니다. 내가 헌신에서 확신하기에, 확신하는 동안만 헌신은 지속합니다.

헌신에서 내가 더 적어집니까? 또는 더 많아집니까? 이 헌신은 도달했습니다. 나를 가장 깊이 끄는 데에 도달했습니다. 헌신에서 나는 나를 넘어, 자아를 넘어, 자랍니다. 내 중력으로부터 나는 나를 풀어, 나는 떠 있습니다. 그럼에도 저 깊이 정신 차려 자유롭게 연결돼 있습니다.

이 헌신은 영화된 정신에서 일어납니다. 이 헌신은 나를 넘어 무한한 넓음으로 나를 이끕니다.

내가 이 헌신을 견딥니까? 내가 헌신으로 끌려들어가, 데려가면서 나를 바칠 때만 입니다. 조심스럽게 덮치면서, 알면서 비워, 사랑하면서 규율에 잡혀, 녹아 정신 차려 있을 때만 입니다.

이렇게 바침에서 나는 목적지에, 지금 이미 목적지에 있습니다. 이 바침에서 나는 평온에, 완성돼 평온에 옵니다. 이 헌신은 현재입니다. 지속하는 현재입니다.

그렇다면 내 일상은 어디에 있습니까? 내 일상도 이 헌신으로 데려갑니다. 일상은 일상인 대로 있습니다. 그러나 일상은 더 이상 나를 다른 방향으로, 아래로나 나를 떠나게, 이끌지 않습니다. 일상은 잠정적으로 있습니다. 마치 자신의 일을 완수한 동반자처럼, 얼마 있다 물러납니다.

바침에서 나는 평화에 있습니다. 존재하는 대로 모든 것과 평화에 있습니다. 나인 대로의 나뿐 아니라 나였던 나와 평화에 있습니다. 그리고 나를 기다리는 것과도 평화에 있습니다.

헌신에서 모든 것은 녹습니다, 지속하면서 녹습니다, 사랑으로 녹습니다. 바침에서 나는 나를 지속하는 다른 어떤 것에게 녹입니다. 무한한 어떤 것에게, 영원한 것에게, 언제나 계속하여 지속하는 것에게 지속하는 사랑에 녹입니다.

4장

'호수에 비추는 우리의 그림자가 자주 희미하기도 하는구나.
: 상(像)을 알아라.'

| 마리아 릴케의 오르페우스를 향한 첫 번째 소네트에서 |

다른 신

아리스토텔레스가 말한 첫 번째 원인을 상상함으로부터, 모든 것을 생각하기에 모든 것을 움직이게 하는 첫 번째 원인에서, 그리하여 모든 것의 존재와 움직임이 모든 것을 꿰뚫는 영적인 정신의 생각에서 오기에, 이 영적인 정신이 자신에 의해 생각된 것에서 모든 것이 움직이는 대로 계속 생각한다고 상상이 됩니다. 그렇기에 우리는, 이 영적인 정신과 이 첫 번째 원인이, 움직이는 모든 것에서 모든 것이 움직이는 대로 직접 작용하는 것을 봅니다.

그럼에도 우리가 우리 내면의 상들로 만든 경험들을 고찰하면, 예를 들면 제한하는 상들을 새로운 가능성을 갖는 상들로 우리 마음대로 넓혀, 우리가 이 방법이나 저 방법으로 어찌하든 다른 어떤 것이 작용하게 할 수 있다면, 우리는 이 첫 번째 원인에서 생긴 움직임을 아마 우리에게 무한하게 넓은 의미로 이해하고 고찰해야만 합니다. 곧 이 첫 번째 원인에 의해 움직여진 것에게, 새로운 것을 배워, 창조할 자유가 어느 정도 주어져 있다고 간주하는 게 우리 경험에 맞습니다. 여기에 잘못뿐 아니라 에움길과 실패도 당연히 함께 합니다.

이 첫 번째 원인이, 자신에 의해 움직여진 것에게 창조적인 자신의 생각에 자발적으로 참여하게 한다는 것을 의미할 겁니다. 그리하여 그 원인은 계속 세부적으로 개입하지 않고, 그것에게 어느 정도 자유를 줄 여유를 갖습니다.

그렇기에 이 첫 번째 원인의 움직임에 본질적으로 우리가 의존돼 있어도, 우리의 행복과 불행은 전적으로 우리 몫입니다. 어떤 방법으로? 우리의 생각과 경험들뿐만 아니라 우리의 목표들과 우리의 좁거나 넓은 의식에 의해서입니다.

그럼에도 우리가 생각하며 경험할 수 있는 모든 것에서, 우리는 많은 다른 사람들에게 의존돼 생각하며 느끼기에, 우리의 창조적인 생각은 많은 다른 사람들과 함께 발전합니다. 그렇습니다. 우리의 창조적인 의식은, 포괄적인 인류 의식 안에서 상호교환을 통해 발전합니다. 주는 동시에 받으면서 발전합니다.

그럼에도 이 의식은 언제나 이 첫 번째 창조적인 움직임에 의존돼 발전합니다. 그의 포괄적인 움직임 안에서 발전합니다. 시작과 근원에서뿐 아니라, 모든 순간 그 첫 번째 움직임에 의해 안기고 동반되며 이끌립니다.

가끔 밖으로부터 와, 우리의 개인적인 의지나 소원들을 넘어 우리를 자신에게 데려가는 어떤 움직임에 우리가 덮쳐져 사로잡히는 느낌에서, 그 첫 번째 움직임은 자신을 나타냅니다. 무엇보다 이 움직임으로부터, 우리 의식을 넓히고 우리 의식과 함께 인류 의식을 넓히는 새로운 통찰이 우리에게 선물로 주어질 때입니다.

여기에서 첫 번째 원인은, 자신이 결국 모든 것을 움직인다는 것을 우리에게 보입니다.

또 어떤 것이 우리에게 나타납니다. 우리는 이 움직임을 기다릴 수 있습니다. 가끔 이 움직임을 간청하기도 합니다. 내면에서 그 움직임에 우리를 맞춥니다. 신뢰합니다. 그리고 나타나자마자 무조건 따릅니다.

아마도 모든 것을 생각하며 움직임에 오게 하는 이 영적인 정신은 우리의 자유, 의식, 상들, 두려움들 그리고 소원들과 놀이를 할 겁니다. 그럼 우리는 어떻게 놀이합니까? 잠정적으로, 기다리면서, 전체 움직임에 헌신하면서, 전체 움직임이 우리를 지속적으로 그 움직임의 시작과 종말을 연결할 때까지 놀이합니다.

비교하는

내가 이것을 저것보다 더 좋고 아름답다고 여기는 것이 비교입니다. 내게 더 좋고 아름답다는 것입니다. 그리하여 나는 이것을 좋다고 하면서, 저것을 내 동의에서 제외합니다. 그러나 아마 저것은 내가 알 수 없는 특별한 아름다움을 감추고 있을 것입니다. 내가 저것을 다른 것과 비교하여 비하하면서 저것 앞에 나를 닫으면, 더 그렇습니다. 그리하여 나는 나를 가난하게 만듭니다. 특히 내가 갖고 있는 것을 내가 갖고 있지 않는 것과 비교하면 더 그렇습니다. 그럼 내 사랑은 내가 갖고 있는 것으로부터, 내가 지금 갖고 있는 것으로부터, 떠납니다. 내가 갖고 있는 것을 갖고 있지 않은 것과 비교하여 나는 내가 갖고 있는 것을 거절합니다. 그리하여 나는 두 배로 가난하게 됩니다. 내가 갖고 있는 것뿐만 아니라 내가 갖고 있지 않은 것으로부터 가난하게 됩니다.

그러나 자주 바로 내가 갖고 있는 것이 내가 갖고 있지 않은 것에 비해 특별한 도전입니다. 이 도전에서 나는 성장합니다. 자주 더 성장합니다. 내가 갖기 원하는 것을 갖고 있을 때보다 더 성장합니다.

또 다른 질문은, 내가 어디에서 더 큰 자유를 갖습니까? 내가 갖고 있는 것에서 더 큰 자유를 갖습니까? 아니면, 내가 오직 상상에서만 갖고 있는 것에서 더 큰 자유를 갖습니까? 어디에서 내가 더 많게 그리고 더 쉽게 이룹니까?

그럼에도 우리는 우리가 갖고 있는 것을 잃습니다. 예를 들면 관계에서 그렇습니다. 그럼 우리는 우리가 갖고 있는 것을 우리 뒤로 하고, 우리를 위해 다른 것을 찾아야 합니다. 비교하지 않고 찾아야 합니다. 우리가 갖고 있는 것은 단지 지났습니다. 지난 것이 새로운 것과 비교되지 않아야 지난 것은 나와 함께 갑니다. 지난 것이 새로운 것을 나와 함께 안고 가기에, 지난 것은 나에게 아직 보존됩니다.

이렇게 우리는 가끔 장소와 사람들, 이 일과 저 일, 이 기쁨과 저 기쁨, 이런 이득이나 저런 손실을 비교하여 둘 다 잃습니다.

우리는 우리를 제한하는 비교를 어떻게 벗어납니까? 우리는 이것과 저것이었던 대로, 있는 대로 그리고 오는 대로 '예' 합니다. 이 '예'에서 우리는 우리를 온전하게 경험합니다. 우리는 우리를 유일무이하게 경험합니다. 그리고 모두와 모든 것을 다르게 경험합니다.

실재實在

예수의 제자들이, 예수가 죽은 후 다시 나타나 자신들과 말씀을 나눴다고 말하기에, 도마는 말합니다. “내가 그 손 못자국을 보지 않고, 그 못자국과 옆구리를 내 손으로 만지지 않으면, 나는 믿지 않습니다.” 그리하여 그는 의심 많은 도마가 되었습니다.

제자들께 다시 나타난 예수는 도마로 하여금 옆구리를 만지게 하여, 도마는 예수 부활을 정말로 확신할 수 있었습니다.

질문은, 도마는 그리하여 실재를 인식했습니까? 실재가 만짐으로 그에게 실재가 되었습니까? 실재가 도마의 손을 통해, 손이 예수의 상처를 만짐으로, 도마에게 하나의 실재로 되었습니까?

그렇다면 그 실재는 어떠한 실재입니까? 우리가 영적인 실재를, 만짐으로 정말 경험할 수 있습니까? 혹 우리가 실재를, 그 방법으로 그리고 그 조건 아래에서만 정말로 경험하여 인정하려고 하면,

실재는 우리를 벗어나지는 않습니까?

우리가 이 방법으로 실재라고 명명하여 실제로 여긴 이 실재는 우리에게 무슨 실재입니까? 우리는 이 실재로 무슨 일을 하려 합니까?

우리는 그것으로 어떤 일을 합니다. 우리가 그것으로 어떤 것을 할 수 있는 가를 우리는 압니다. 그리하여 실재가 우리에게 봉사케 합니다. 이 방법으로 우리는 실재를 파악하며, 실재는 우리에게 파악되기도 합니다. 실재는 우리 생명을 위해 봉사케 합니다. 우리가 실재를 존중하여, 실재를 자신의 자리에 두고 실재에 우리가 순응하면, 그렇습니다. 어떻게 순응합니까? 우리는 실재와 함께 생명에 봉사합니다.

우리가 실재를 파악하여 사용하면, 실재는 우리에게 힘도 줍니다. 생명을 위하는 힘뿐만 아니라 생명에 적대하는 힘도 줍니다. 이 순간 우리는 우리에 의해 표면적으로 알아채진 것 배후에서 작용하는 마지막 실재와 연결을 잃습니다. 더 나아가 이 순간 우리는 이 마지막 실재에 적대하여, 우리가 힘을 갖기에 우리는 힘에 맞춰 행동할 수 있고, 해도 된다고 망상합니다. 그럼 마지막 실재는 우리에게 등을 돌립니다. 우리가 마지막 실재에 순응해야지 마지막 실재가 우리에게 순응하지 않는다는 것을 마지막 실재는 보입니다.

우리가 어떻게 표면적으로 우리에게 보여지고 만져지는 것 배후에서 작용하는 마지막 실재와 공명에 머뭅니까? 우리가 그 실재의 움직임과 함께 움직임에 있으면 됩니다. 실재의 방향뿐 아니라 그 힘과 공명에서 함께 움직임에 있으면 됩니다.

예수와 이별

예수여, 저는 당신을 가게 합니다. 당신을 놓습니다. 제가 당신을 배웅해도 됩니까? 당신은 정말 거기 계셨습니까? 거기에 다른 사람들이 있었습니까? 그리하여 그들이 당신을 만나지도 듣지도 않고, 당신께 속하지도 않았으면서도 당신을 선포하지는 않았습니까?

저에겐, 당신은 어둠에서 당신을 잃습니다. 당신이 말씀하신 몇 문장만 제게 남아 있습니다. 그 문장에 감동돼, 저는 다르게 살며 다르게 사랑합니다.

그 문장들이 오직 당신의 문장들입니까? 그 문장들을 통해 말씀하신 게 당신입니까? 혹, 다른 의식입니까? 다른 창조적인 영적인 정신입니까? 그 정신이 당신을 통해 말씀하지는 않았습니까? 그리하여 당신이 그 정신으로부터 들어 우리에게 말씀하신 것처럼, 우리도 결국 그 정신을 들어야 하며, 들어도 되는 게 아닙니까?

그럼에도 그 말씀은 당신을 통해 제게 닿았습니다. 당신이 없었으면, 그리고 그 말씀을 전한 사람들이 없었으면, 저는 그 말씀을 듣지 못했을 겁니다.

당신을 봉사케 한 그 어떤 것의 말씀들이 당신께 닿은 것처럼 제게 닿으면, 당신이 그 말씀에 당신을 여신 것처럼 저도 그 말씀에 저를 열면, 당신이 그 말씀에 따라 사람으로서 행동하신 것처럼 저도 사람으로서 그 말씀에 따라 행동할 수 있고 행동해도 된다면 그리고 당신이 그 말씀에 따라 실패하신 것처럼 저도 실패한다면, 제가 어떻게 해야 그 말씀들을 제대로 듣고 이해하며 행동합니까?

그게 오늘도 아직 중요합니까? 사람들이 당신을 변형하여 당신을 죄인의 친구에서 적으로 만들지는 않았습니까? 그렇기에 아직도 중요합니다.

그게 제게도 중요해도 됩니까? 그게 제게 염려를 합니까? 저와 다른 모든 사람들처럼, 당신도 아직 다른 손에 있지는 않습니까?

제가 당신을 붙잡아도 됩니까? 당신을 사랑해도 됩니까? 당신이 저를 사랑해도 됩니까? 우리 둘은 홀로가 아닙니까? 다른 어떤 것 앞에 홀로가 아닙니까? 함께 홀로가 아닙니까?

영적인 정신은 자신이 원하는 대로 움직입니다

무엇이 세계를 저 깊이에서 앞으로 가게 합니까? 무엇이 결정적인 움직임들을 조정합니까? 그리고 그 움직임들은 어디로 향합니까?

세계 여러 곳에서 동시에 많은 사람들에 의해 지금 여러 종교들과 전통들의 차이들을 더 높은 차원에서 극복하려는 하나의 움직임이 시작된 걸 우리는 관찰할 수 있습니다.

전 세계에 걸쳐 여러 종류의 사람들은 영적인 하나의 움직임과 동행에서 생각하며 사랑합니다. 그 움직임은 세계와 인간들을 보는 여러 가지의 다른 관점들을 서로 연결하여 함께 이끕니다. 그들은 이 움직임에 의해 덮쳐져 그 움직임을 기꺼이 따릅니다.

이게 우리에게 무엇을 뜻합니까? 우선, 우리는 세계와 사람들에 대해 아무런 걱정을 할 필요가 없습니다. 여기에 다른 힘들이 작용하고 있기 때문입니다. 영적인 힘들이, 다른 의식에서 오는 영적인 힘들이 작용하고 있기 때문입니다. 조용히 눈에 띄지 않게 그 힘들은 어떤 것을 다른 미래를 향하여 움직임에 오게 합니다. 이 움직임에 덮친 각자는 그 움직임이 선물로 주는 통찰들을 다르게 선택할 수 없이 오직 따를 수밖에 없습니다.

그러나 이 세계의 겉 인상은 그렇지 않게 보입니다. 예를 들면 많은 사람들이 갖는 미래에 대한 두려움들입니다. 분리하는 두려움입니다. 그리고 분리와 함께 하는 악의에 찬 생각들입니다. 그러나 이미 그 곁에는 다른 어떤 것이 작용하기 시작했습니다.

두 번째, 우리는 지금 벌써 내면에서 우리를 이 움직임들과 연결하여 그 움직임들이 우리를 덮치게 합니다. 이 움직임들은 모두 같은 방향을 향해 갑니다. 모두를 더 큰 어떤 것 앞에 같다고 여깁니다. 더 큰 것에 의해 이 세계와 이 세계를 넘어 같은 미래로 같게 이끌리고 사랑받는다고 여깁니다.

이 움직임들에서 무엇이 작용합니까? 사랑의 움직임이 작용합니다. 무슨 사랑입니까? 영화된 정신의 사랑입니다. 영화된 정신은 사랑으로 어디로 또는 어떻게든지 자신이 원하는 대로 움직입니다. 이 사랑은 옵니다.

누가 신과 같은가

다른 천사들이 루시퍼를 수장으로 신에 반역을 했을 때, 대천사인 마이클이 울부짖었습니다. "누가 신과 같은가?" 이 울부짖음으로 그는 마이클이라는 이름을 갖습니다. 그 뜻은 '누가 신과 같은가?' 입니다.

이 싸움이 정말 하늘에서 일어났습니까? 혹 이 싸움은 이 땅에서 일어났고, 지금도 일어나고 있지는 않습니까? 우리 신이 지배해야 하는 모범을 보이기 위해 싸움이 하늘로 미뤄지지는 않았습니까?

이 땅에서, 싸움은 아직도 발생하고 있습니다. 신의 이름으로, 자주 다른 이름에도 숨겨져 발생하고 있습니다.

저는 여기에서 다 아는 싸움은 언급하지 않겠습니다. 예를 들면 종교나 종파 간에, 자신들의 신이나 믿음의 주도권을 위하는 싸움이나, 비슷하게 여러 세계관들이 전 세계적인 인정을 받기 위하는

투쟁은 언급하지 않겠습니다. 이 경우나 저 경우 자주 극단적인 폭력을 사용합니다.

제게는 그보다 내면의 논쟁이나 싸움이 문제입니다. 예를 들면 무엇이 옳고 그르다는 우리의 상들에 관한 것이 문제입니다. 이 의미에서 무엇이 더 우월하고 더 열등하다는 것이 문제입니다. 이 모든 상상 뒤에는 그 구별을 정당화하며 승리하게 해주는 신에 대한 상들이 있기 때문입니다.

우리가 우리에게 정말 안으로 느끼면, 누가 신과 같은가라는 슬로간은 분명하게 말하면 무슨 뜻입니까? 그 말은 누가 나와 같은가입니다.

우리에게서나 세계에서 이 싸움이 어떻게 하면 끝납니까? "당신은 저와 같습니다"라고 누구에게나 말할 수 있으면 됩니다. 그럼 우리 모두는 우리를 넘어 신을 경배하게 됩니다 – 그리고 모든 사람도 경배합니다.

모아진

집중이란, 많은 것이 한자리에 모인다는 말입니다. 많은 것이 거기에 모아집니다. 흩어져 있지 않고 이제 함께 있습니다. 같은 방법으로 우리는 보물들도 모아 잘 보관합니다. 우리는 기억들도 모읍니다. 예를 들면 사진들입니다. 좋았던 어떤 것을 기억하려고, 나중에 사진들을 봅니다.

우리는 사람들도 우리 주위에 모읍니다. 예를 들면 가족들의 모임입니다. 많은 친척들은 멀리서 와 자리를 함께 합니다.

우리가 모은 많은 것은 시간이 지나면 낡습니다. 그럼 우리는 무거운 마음으로 그것들을 버립니다. 그것들이 우리에게 중요하거나 도움이 되기보다 우리에게 부담이 되거나 우리를 압박하기 때문입니다.

또한 우리는 지식과 경험도 모읍니다. 그것들은 우리에게 언제나 있습니다. 우리는 언제나 그것들을 사용할 수 있습니다. 그것들은 우리가 언제나 가지고 다니는 보물입니다.

어떤 것을 이루기 위해, 우리는 가끔 우리 생각들과 힘들을 모아야 합니다. 예를 들면 우리는 일을 위해 정신 집중합니다. 우리는 정신 집중하여 일에 온 힘을 다 합니다. 우리가 배울 때도 마찬가지입니다.

기도할 때, 우리는 정신이 집중돼 있습니다. 어떤 것을 즐기거나, 예를 들면 음악을 듣는다거나 할 때, 또는 경마나 흥미진진한 경기 등을 볼 때 우리는 정신이 집중돼 있습니다.

정신이 집중돼 있어야, 우리는 온전하게 하나의 일에 열중합니다. 모아진 힘과 주의를 갖고 하나의 일에 열중합니다. 이 정신이 집중되어서야 우리는 우리의 시간이 충만돼 있는 것을 경험합니다.

반대로 우리가 흩어져 있으면, 많은 것을 잃습니다. 하나의 목표와 성공에 이끌지 못하고 헤맵니다. 흩어져 있으면 우리 정신이 산만하게 돼, 공허를 느낍니다.

온전하게 정신이 집중된 상태를 우리는 오래 견디지 못합니다. 우리는 기분전환을 해야 합니다. 쉬면서 우리는 다음 집중을 위해 새 힘들을 모읍니다.

정신 집중의 특별한 방법은 영적인 정신을 향한 집중입니다. 이 집중에서 우리는 어느 정도 우리를 넘어 다른 차원으로 갑니다. 얼마 후 우리가 스스로 집중할 때와 다르게 우리는 이 집중을 경험합니다. 우리는 집중되어집니다. 영적인 힘이 우리를 자신의 분야로 끄는 것을 우리는 경험합니다. 자주 우리는 저항할 수 없습니다.

어떤 것이 우리를 끌거나 매혹할 때처럼, 우리는 끌림을 경험합니다. 이 끌림과 집중에서 우리는 우리를 자주 잃습니다. 그럼 우리는 정신없게 있습니다.

이 영적인 집중에서 우리를 훨씬 넘는 어떤 것이 우리를 끄는 경우에, 가장 깊이에서 우리는 우리 자신을 경험합니다.

이 집중에서 우리는 또 어떤 것을 경험합니다. 우리는 이 집중에서 목표에, 우리 본래인 마지막 목표에 우리가 있는 것을 경험합니다.

침묵되어진

많은 사람은 말 없는 사람으로 간주됩니다. 우리는 그들에게 다른 사람들이 우리로부터 알려고 하지 않는 모든 것을 말할 수 있습니다. 모든 것은 그들에게서 잘 있습니다. 그들은 모든 것을 침묵으로 갖습니다. 그들이 즉시 내면의 비밀고에 모든 것을 보관하기에, 그들은 그렇게 할 수 있습니다. 그 비밀고엔 누구도 들어 갈 수 없습니다. 자신들도 들어 갈 수 없습니다.

그런 방법으로 침묵은 그들에게 쉽습니다. 그들도 더 이상 기억할 수 없습니다. 그렇기에 그들에게 말하여진 것도 그들을 힘들게 하지 않습니다. 그들은 사랑으로 침묵합니다. 그들의 사랑이 모든 것을 덮습니다. 사랑을 위해 모든 것은 지나도 됩니다.

침묵되어진 것은 특별한 힘을 갖습니다. 침묵되어지기에 작용합니다. 어떤 것을 갖고 있을 수 없기에, 우리는 말해버립니다. 우리가 말함으로 그것은 힘을 잃습니다. 예를 들면 우리가 좋은 조언을 하지 않기에, 곧 침묵하기에, 사랑으로 침묵하기에, 그는 우리가 주려했던 조언을 따릅니다. 우리가 말하지 않았기에, 그는 따를 수 있습니다. 여기에서 침묵되어진 것은 없어지지 않습니다. 우리가 사랑과 존경으로 침묵했기에 그렇습니다. 사랑과 존경은, 사랑과 존경을 감지하는 상대가 사랑과 존경에 의해 이끌리도록 작용합니다. 자신이 행동하는 데 있어서, 자신께 머물게 허락하면서 사랑과 존경은 이끕니다. 그가 자발적으로 따르기에, 그는 우리에게 의존돼 있지 않아 자유롭습니다. 온전하게 자유롭지는 않습니다. 침묵되어진 우리의 사랑과 존경이 그를 동반하기에 그렇습니다.

우리가 다시 만나면, 그는 이 침묵되어진 사랑과 존경을 감지하고 우리에게서 기분 좋아 합니다. 우리도 그에게서 기분 좋아 합니다. 마치 우리가 함께 어떤 것을 침묵하고 그 침묵되어진 것을 서로 존경하는 것과 같습니다.

가끔 깊은 통찰들도 사람들에게 침묵되어집니다. 우리는 통찰들을 조심스럽게 홀로 갖고 있습니다. 상대가 단번에 내면에 의해 통찰로 이끌릴 때까지 홀로 갖고 있습니다. 그도 아마 통찰들을 침묵합니다. 정말 침묵할 수 있습니까? 내가 침묵했기에, 통찰들이 그를 만진 것처럼, 그가 침묵하기에, 통찰들은 나를 감동시킵니다.

깊은 경험들도 마찬가지입니다. 우리가 침묵하기에, 거의 침묵하기에, 경험들은 지속합니다. 우리가 침묵해도, 경험들은 작용합니다. 우리가 사랑과 존경으로 침묵하기에 그렇습니다. 그 경험들이 우리에게 선물로 주어졌기에, 우리는 오직 우리에게 그 경험들을 선물한 그 힘들과 공명에서 그 경험들을 말해도 됩니다.

신 앞에서도 우리는 자주 침묵합니다. 예를 들면 침묵으로 우리는 기도합니다. 신이 모든 것을 이미 벌써 다 알고 있는데, 우리가 무슨 말을 해야 합니까? 그렇습니다, 우리는 신 앞에서 우리의 소원들과 두려움들을 말하지 않고 갖고 있습니다. 우리가 말하지 않음으로, 그 말은 신에 대한 우리의 존경과 신뢰를 깨지 않습니다.

신도 우리에게 자주 침묵합니다. 바로 그렇기에 그가 가까이 있음을 우리는 깊이 감지합니다. 그럼 우리도 신 앞에 침묵으로 우리를 감춥니다. 신 앞에 정신 차려 침묵하는 바라봄에 머뭅니다. 여기에서는 아무런 말이 필요 없습니다. 여기에서 모든 언어는 목표에 있습니다.

개입

자주 우리는 다른 사람들의 생명에 개입합니다. 생명이 잘 되게 하거나 또는 사랑스럽게 개입합니다. 혹 정도를 넘어 무자비하게 개입하기도 합니다. 도우거나 방해를 하면서, 또는 주거나 뺏으면서도 개입합니다.

마찬가지로 우리는 다른 사람들의 손해나 불이익으로부터 자주 이익을 보기도 합니다. 예를 들면 그들의 불행이나 이른 죽음으로 이익을 보기도 합니다. 우리가 그 이익을 가짐으로, 그들의 운명은 우리 운명의 일부가 됩니다. 그들의 운명이 우리 운명에 개입합니다. 우리에게 의식되지는 않지만 그렇습니다. 그리고 우리가 전과 같지 않다는 것을 우리는 그 결과들을 통해 봅니다. 우리는 다른 생각, 다른 두려움 그리고 다른 염려를 갖습니다. 우리는 전보다 더 적게 우리 자신이며, 그 이익을 통해 자주 많은 면에서 전보다 더 부하지 않고 더 가난합니다. 같은 게 우리가 개입한 사람들에게도 일어납니다. 우리가 의도를 갖고 하든 또는 상황이 그렇게 하든 상관없습니다.

질문은, 이 개입으로 우리가 어떤 것을 잃습니까? 개입으로 우리가 그들 생명의 일부가 됨으로, 그들이 어떤 것을 얻습니까? 그들의 불행으로 인해 우리가 얻은 이익을 통해 그들이 우리 생명과 운명의 일부가 된다면, 그들이 어떤 것을 잃습니까?

모든 게 사랑에 의해 좌우됩니다. 그들의 손해가 우리 이익이 된 것을 우리가 사랑으로 가지면, 그들도 사랑으로 우리 이익에 동의합니다. 이 사랑을 통해 어떤 것이 좋게 더 나아갑니다. 그렇기에 이 이익은 영속해도 됩니다. 사랑으로 주어지고, 사랑으로 가져져, 생명에 봉사합니다. 다른 사람들이 우리의 손해로 이익을 갖게 되면, 우리는 사랑으로 줍니다. 그리고 그들의 손해로 우리가 이익을 갖게 되면, 우리는 사랑으로 갖습니다.

우리에게서 다른 사람들에게 또는 다른 사람들로부터 우리에게 개입이 부당하게 오면, 어떻습니까?

우리가 부당하게 개입했다면, 우리는 우선 멈춰, 우리 개입이 얼마나 손해나 축복을 가져왔는가 검사합니다. 우리는 그분들의 손해가 우리 이익이 된 그분들을 사랑으로 우리 영혼에 갖습니다. 그들에게 이익이 되도록 우리 자신의 손해를 감수합니다. 조정이 되도록 우리는 노력합니다. 이 조정이 양쪽에 축복이 되게 그들과 우리를 연결합니다. 그리하여 우리는 새롭게 어떤 것을 시작하여 서로 풍부하게 상대의 운명에서 성장합니다. 사랑으로 성장합니다.

다른 사람들이 우리 생명에 부당하게 개입한다면, 정말 얼마나 우리에게 손해를 끼치는가 우리는 마찬가지로 검사합니다. 혹 그 개입이 아마도 새로운 어떤 것에 향하도록 우리를 강요하는지, 그 새로운 것에 그 개입이 없으면 우리가 능력도 의지도 없는가를 검사합니다. 이렇게 그들의 개입은 그들의 의도와 상관없이 우리에게 자극과 축복이 됩니다.

다른 사람들의 운명을 향한 우리의 개입과 그들의 우리 운명을 향한 개입은 결국 무엇을 요구합니까?

그들과 우리가, 우리 운명으로, 우리 둘을 모든 면에서 넘는 권력의 손에 달려 있다는 것을 우리는 봅니다. 우리가 상상하는 이익이나 손해를 넘어 모든 것을 모두에게 가장 좋게 이끄는 권력이 개입하는 것을 봅니다.

이 권력 앞에서 우리는 어떤 태도를 취합니까? 어떻게 누구에 의해서든지, 그 권력이 개입하게 합니다. 우리가 어떤 의도와 어떤 목적을 갖고 무엇을 꾀하든지, 그 권력이 모든 것에 개입하게 합니다. 그 권력이 결국 모두를 위해 모든 것을 좋게 이끈다고, 그 권력을 신뢰합니다. 다른 사람들의 손해를 통해 우리에게 좋게 되는 것에도 우리는 그 권력이 개입하게 합니다. 어떻게? 모든 것에 사랑으로.

기다림

우리는 어떤 시작이나 끝을 기다립니다. 그런데 둘은 결국 같은 것입니다. 어떤 것이 끝나면, 어떤 것이 시작합니다. 그리고 새로운 어떤 것이 시작하기에, 어떤 것이 끝납니다. 그럼, 결국 우리는 무엇을 기다립니까? 우리는 어떤 것이 지속되기를 기다립니다.

어디로 지속되어야 합니까? 이 순간을 넘어 지속되어야 합니다. 우리가 이 순간으로부터 떠나려 하기에, 우리는 기다립니다. 이 순간이 아닌 다른 어떤 것에 가려 하기에 우리는 기다립니다.

우리가 이 순간에 머물면, 이 순간은 우리에게 충만됩니다. 오직 이 순간에만 우리는 우리를 온전하게 경험합니다. 우리는 이 순간 우리를 우리인 대로 경험합니다.

우리가 이 순간 우리인 대로가 아니게 존재할 수 있습니까? 이 순간 아니고 언제 우리가 우리 자신으로 우리에게 존재할 수 있습니까? 이 순간이 아닌 어디에서 우리를 위해 어떤 것이 변화될 수 있습니까?

그럼 우리는 무엇을 기다립니까? 우리가 이 순간을 넘어 어떤 것을 기다린다면, 우리에게 무엇이 생깁니까? 우리가 기다리기에, 우리는 무엇을 잃습니까? 이 순간이 아닌 언제 어떤 것이 정말 끝납니까? 이 순간이 아닌 어디에서 어떤 것이 정말 시작합니까?

무엇 때문에 우리는 기다립니까? 시작과 끝은 지금입니다.

5장

'사랑하는 이여, 내면이 아니고는
어디에서도 세계가 될 수 없다네…'

| 마리아 릴케의 두이너저의 일곱 번째 비가에서 |

축복

다른 사람들이 우리를 축복하면, 우리는 우리가 축복받는 것을 경험합니다. 원래 축복이란, 좋은 것을 말한다는 것입니다.

그러나 우리는 우리로부터만 축복하는 게 아닙니다. 축복할 때 우리는 선한 힘, 치유와 사랑의 힘과 연결됨을 느낍니다. 그 힘과 공명에서 우리는 다른 사람들에게 좋은 것을 원하여 좋은 것이 생기게 합니다. 우리가 다른 사람들에게 좋은 것을 원하며 말한다면, 우리는 이 힘이 우선하게 합니다.

축복은 내면의 태도입니다. 축복은 가끔 이별을 뜻하기도 합니다. 그렇게 우리는 죽은 사람에 대해 말합니다. 그가 시간에 있는 것을 축복했다고 우리는 말합니다. 우리가 누군가에게 악의를 가졌다면, 우리는, 그에게 좋은 것을 축복하면서, 그와 이별을 합니다. 우리 축복을 통해 그 어떤 것이 지나도 됩니다.

이 축복은 대등한 것입니다. 이 축복은 우리를 헤어지게 하는 동시에 연결합니다.

위에서 아래로 향하는 축복도 있습니다. 예를 들면 부모는 자녀를 축복합니다. 생명을 준 것처럼, 부모는 자녀에게 축복을 통해 생명을 계속 줍니다. 예를 들면 이별할 때 부모는 자녀에게 축복합니다. 자녀가 지켜지고 보호되기를 축복합니다. 여기에서도 부모는 더 높은 힘과 연결에서 축복합니다. 그들을 부모 되게 한 힘과 연결에서 축복합니다. 그렇기에 이 축복은 특별하게 위에서 옵니다. 그리고 자녀도 그렇게 경험합니다.

비슷하게 사제도 신자들을 축복합니다. 부모와 자녀 관계처럼, 사제도 더 높은 힘들과 연결에서 축복합니다. 축복을 통해, 사제는 축복받는 사람들이 그 힘들에 연결되게 합니다. 사제는 그 힘들의 축복을 그 힘들의 이름으로 축복받는 사람들에게 중재합니다.

가끔 어떤 사람은 우리에게 축복을 간청하기도 합니다. 어떤 일이 잘 되게 원하기도 합니다. 그렇게 그는 우리를 자신 위에 놓습니다. 그러나 그와 같은 차원에 머물 수 있기 위해, 우리가 그와 함께 같은 차원에, 아래에, 머물 수 있도록 우리는 축복해야 합니다. 예를 들면 우리는 그에게 오직 한 사람으로서 한 사람에게 행복을 기원합니다. 또는 선한 힘들이 그가 원하는 바를 동반하여 잘 되게 하기를 바란다고 말합니다. 이것도 축복입니다. 같은 사람으로서 같은 사람에게 하는 축복입니다.

이렇게 우리는 다른 사람들과 서로 축복의 태도에 머물 수 있습니다. 그런다고 우리가 그 말을 할 필요는 없습니다. 우리는 다른 사람들을 향해 호의의 태도에 머뭅니다. 무엇보다 우리와 가까운 관계에 있는 사람들에게 호의의 태도에 머뭅니다. 우리는 그들이 모든 면에서 평온하고 잘 되길 원합니다. 이렇게 우리를 이끄는 힘들과 공명에서 우리는 그들을 위해 축복이 되고, 그들도 우리를 위해서 축복이 됩니다.

믿고 의지하는

우리가 누구를 믿고 의지할 수 있습니까? 한 사람을 믿고 의지 할 수 있습니까? 다른 사람들이 우리를 믿고 의지할 수 있습니까? 다른 사람들이 우리에게 거는 신뢰를 지킬 수 있는 힘과 통찰을 우리가 갖고 있습니까? 우리가 거는 신뢰를 지킬 수 있는 힘과 통찰을 다른 사람들이 갖고 있습니까? 다른 사람들이 우리가 그들을 도울 수 있다고 희망하여, 우리가 그들에게 줄 수도 없고 주어서도 안 되는 어떤 것을 우리에게 기대한다면, 어떻게 되겠습니까?

마찬가지로 우리가 다른 사람들에게 그들이 줄 수도 없고 주어서도 안 되는 어떤 것을 기대한다면, 어떻게 되겠습니까? 여기에서 다른 사람들에게 거는 우리의 신뢰와 다른 사람들이 우리에게 거는 신뢰는 경계에 옵니다.

우리는 오직 모든 것을 알고, 할 수 있어, 모든 것이 똑같이 잘되게 향하는 창조적은 힘만 정말 믿고 의지할 수 있습니다. 그리하여 그 힘이 무엇을 주든지, 많은 사람들에게 동시에 좋게 됩니다. 그 힘은 누구도 제외하거나 선호하지 않습니다. 그 힘은 모든 것을 전체 안에서 질서에 오게 합니다.

그런 힘이 우리에게 어떤 것을 계산하게 합니까? 예를 들면 죄 같은 것을 그 힘이 마음속에 품겠습니까? 우리가 그 힘을 믿고 의지해도 되게, 우리가 그 앞에서 변명해야 합니까?

그 힘은 모든 것을 포함하는 힘입니다. 모든 것을 사랑으로 포함하는 힘입니다. 우리가 우리나 다른 사람들 앞에서 죄책감을 가져도, 우리는 그 힘을 믿고 의지합니다. 우리는 그 힘을 온전히 믿고 의지할 수 있습니다.

더 있습니다. 이 창조적인 힘은 많은 것에서 사랑으로 우리에게 먼저 옵니다. 어떤 도움이 필요한지 우리가 예감하기 전에 그 힘은 벌써 있습니다. 우리가 어려움에 빠지기 전에 우리는 그 힘을 믿고 의지할 수 있습니다. 그 힘은 벌써 멀리에서 미리 보면서 우리에게 옵니다.

우리는 그를 얼마나 신뢰하여, 온전히 믿고 의지합니까? 그 힘을 믿고 의지하며, 우리는 우리를 놓습니다. 온전히 놓습니다. 모든 면에서 걱정 없이 놓습니다.

우리는 이 신뢰를, 이 온전한 신뢰를 견딥니까? 모든 수단과 방법이 소용없게 돼, 우리가 더 이상 아무것도 할 수 없으면, 견딥니다. 이 신뢰는 헌신에서, 사랑과 함께 하는 온전한 헌신에서 우리에게 이뤄집니다.

나는 어디에 있습니까

내가 어디에 있습니까? 라고 내가 물으면, 나는 어디에 있습니까? 내가 내 몸 안의 내게 있습니까? 내 영혼의 내게 있습니까? 내가 내 몸이나 영혼에 다르게 내게 있습니까? 내 정신에 다르게 내게 있습니까?

한 사람이나 많은 사람들에게 끌리게 내가 느낀다면, 나는 어디에 있습니까? 내가 영적인 어떤 것에 끌리게 느낀다면, 예를 들면 나를 사로잡는 음악이나, 생각들, 또는 놀이나 이야기들에게 내가 끌린다면, 나는 어디에 있습니까?

그런 후 내가 내게 돌아와 깨어나면, 나는 어디에 있었습니까? 내가 내게 있었습니까? 혹 내가 다른 데 있었습니까? 이상하게도 내가 내게 정신 집중해 있었을 때보다도 나는 다른 데에서 더 내 자신에게 있었습니다.

우리가 다른 데에 있을 때, 그런 의미에서 우리가 우리에게 멀어져 있을 때, 우리는 우리를 우리 자신에게 있을 때보다 더 많이 체험합니다. 그렇다면 아마 우리는 우리 밖에서 우리에게 더 광범위하게 있는 건 아닙니까?

더 광범위하다는 것은 우리 너머의 어떤 것과 떨어져 있지 않고 연결돼 있다는 것입니다. 더 자세히 말한다면, 이 순간 우리는 우리를 잊었다는 것입니다. 우리는 우리를 잊고 다른 어떤 것에 의해 사로잡혀 데려져 갔습니다. 자아는 우리를 분리시켜 우리를 가난하게 만듭니다. 우리를 작게도 만듭니다.

자아에게 머무는 것을 우리는 자주 어려워합니다. 차라리 우리는 오직 우리를 잊기 위해 작은 어떤 것에게 자아로부터 도망갑니다. 그냥 시간을 허비합니다. 거기에서 우리는 우리 자아로부터 벗어납니다. 단순한 일이나 친교를 하면서 또는 즐겁게 놀면서 시간을 허비합니다.

우리는 우리로부터 다르게 벗어나기도 합니다. 창조적인 일을 통해서도 벗어납니다. 그 일과 함께 우리는 영적인 분야에서 움직입니다. 무엇보다 여기에서 우리는 우리 너머의 어떤 것과 광범위하게 접촉에 와, 그에 의해 우리 자신으로부터 멀어져, 영원히 존재하는 어떤 것과 우리가 하나임을 우리는 저항 없이 체험합니다.

그럼 우리는 어디에 있습니까? 우리가 아직 거기에 있습니까? 어디에 있든, 그게 무슨 소용이 됩니까?

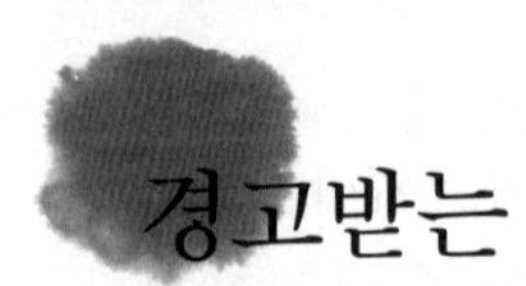

경고받는

왜 어떤 것이 잘 되지 않는가 하면서, 우리는 가끔 놀랍니다. 왜 우리에게 방해가 되는 어떤 것이 갑자기 나타나느냐 하면서 놀랍니다. 예를 들면 우리가 아프면, 우리는 우리를 바꿔야 합니다.

그런 표시를 심각하게 받아들이는 것을 우리가 배우면, 우리는 그걸 경고로 받습니다. 전처럼 계속 하려고 하면, 우리에겐 그렇게 할 힘이 전혀 없습니다. 우리는 경고를 받습니다. 누구로부터 받습니까?

우리에게 다른 것을 기대하여 다른 것을 준비하는 힘으로부터 받습니다. 더 크고 좋은 것이며 더 사랑에 차 있는 다른 것을 그 힘은 우리에게 기대하여 준비합니다. 그 힘은 우리를 다른 길로 이끕니다.

우리가 그 표시를 일찍 알아채면 챌수록, 그 만큼 우리가 이제까지 한 행동의 결과는 적고, 우리의 전환에 필요한 시간도 짧습니다.

그럼 우리는 더 빨리 우리를 계속 도우는 힘을 다시 회복합니다.

경고는 자주 몸으로 체험되지만, 영적인 정신에게서 옵니다. 그렇기에 우리는 귀환을 영적인 정신과 공명에서 찾아야 합니다. 이 순간 우리는 우리를 경고하며 방해하는 것을 넘어 바라봅니다. 그리고 귀환에 필요한 시간만큼 우리는 영적인 정신에 머물러 다른 방향에서 오는 다른 표시를 기다립니다.

그렇게 경고받아 우리는 더 조심스럽고 더 신중하게 됩니다. 함께 할 누군가를 찾아 그들과 함께 일하여 혼자 하는 어떤 것보다 공동의 어떤 것을 이룹니다.

우리가 이미 자주 제 때에 경고를 받았지만, 우리는 그 경고를 심각하게 받아들이지 않았습니다. 그러나 우리가 그런 경고를 즉시 알아채고 거기에 우리를 맞추는 것을 배우면, 우리는 그 표시들을 멀리에서 봅니다. 우리는 즉시 그 표시들을 사랑의 표시들로, 섭리의 표시들로 알아챕니다. 그 표시들과 함께 우리는 사랑으로 돌아와 사랑에 머뭅니다. 경고받으며 사랑받는 걸 우리는 체험합니다. 경고받으며 염려 없이 안전하게 이끌려 확신에 차 준비하는 걸 우리는 체험합니다. 경고받으며 조심하여, 악의 없이 조심하여, 사랑으로 조심하여, 다른 사랑에 각오하는 걸 우리는 체험합니다.

놓친

누군가가 우리에게 "너는 어떤 것을 놓쳤구나."라고 말하면, 우리가 정말 어떤 것을 놓쳤습니까? 우리에게 중요한 어떤 것을 우리가 놓쳤습니까? 함께 한 다른 사람들은 분명히 어떤 것을 얻었습니다. 그렇다고 우리가 정말 어떤 것을 놓쳤습니까?

놓쳤다는 것은 중요한 어떤 것이 우리를 벗어났다는 말입니다. 무엇을 위해 중요하단 말입니까? 우리 생존과 성장을 위해 중요한 어떤 것입니다. 우리를 풍부하고 본질적으로 만드는 경험을 위해 중요한 어떤 것입니다. 우리가 더 인간적으로 돼 더 사랑스러워져 더 많은 사람과 연결돼 하나가 되게 하는 경험을 위해 중요한 어떤 것입니다.

어떤 놓침이 우리를 가장 깊이 아프게 합니까? 기회를 놓친 사랑입니다. 주고받는 데 있어서 기회를 놓친 사랑입니다. 이 사랑은 되풀이할 수 없습니다. 정말 그렇습니까? 혹 이 사랑도 늦게나마 끝마칠 수 있지는 않습니까?

사랑에 있어서는 결코 늦지 않습니다. 사랑은 치유하기 때문입니다. 놓친 것도 치유합니다. 사랑은 놓친 것도 늦게나마 끝마칩니다. 어떻게? 더 큰 사랑과 겸손으로 늦게나마 끝마칩니다.

모든 것을 창조적으로 생각하는 영적인 정신인 신 앞에서는 놓침이 있을 수 없습니다. 우리는 오직 덧없는 어떤 것만 놓칠 수 있습니다. 우리에게 마지막까지 남는 것을 우리는 결코 놓치지 않습니다. 우리에게 마지막까지 남는 것은 제시간에 와 제시간에 머뭅니다. 어떻게? 드디어 와 머뭅니다.

시간을 초월한

시간이 우리를 다그치면 우리는 시간과 함께 움직입니다. 시간이 다그치는 방향으로 움직입니다. 시간은 우리를 움직임에 있게 합니다. 모든 움직임은 시간 안에서 흐르기 때문입니다.

깊은 바다가 저 깊이에서는 움직이지 않고 있지만, 수면에서 파도와 해류가 움직이는 것처럼 시간도 그렇습니다. 위에서만 시간은 움직입니다. 시간 저 아래에 어떤 것이 시간을 초월해 원래대로 있기에, 위의 시간은 움직입니다.

시간이 우리를 다그치면, 우리도 저 깊이로 물러날 수 있습니다. 변하지 않고 스스로 쉬고 있는 항존 하는 어떤 것에 물러날 수 있습니다. 우리는 여기에서 평온에도 옵니다. 위에서는, 겉에서는 시간은 계속 흐릅니다만 우리를 두고 가지 않습니다.

본질적인 모든 것은 시간을 초월합니다. 그것은 항존 하기에 시간을 초월합니다. 사랑도, 항존 하는 사랑도 시간을 초월합니다. 우리 운명도 시간을 초월합니다. 처음부터 운명이 죽음처럼 정해져 있기에, 시간을 초월합니다.

그렇다면 우리는 시간 안에서 어떻게 움직입니까? 우리는 시간과 함께 시간을 초월하여 움직입니다. 다른 데에 근거하고 있기에 시간과 함께 시간을 초월하여 움직입니다. 우리가 다른 데에 이미 영속하기에, 시간은 우리를 더 이상 데려가지 않습니다.

이런 방법으로 우리도 우리가 본질적으로 영속하는 것을 경험합니다. 깊은 바다처럼 수면에서는 파도에 의해 물결이 일어나 움직이지만, 저 깊이에서 평온하게 움직이지 않고 있습니다.

거기

나는 어디로 가려 합니까? 거기로 가려 합니다. 거기를 향해 나는 움직임에 있습니다. 언제나 움직임에 있습니다. 그런데 내가 거기에 있으면, 나는 거기에 머뭅니까? 혹 나는 거기에서 언제나 더 다른 거기를 향해 가려 하지는 않습니까?

왜 나는 이렇게 움직임에 있습니까? 모든 거기가 임시로 지각되기 때문입니다. 거기로부터 나는 계속 가려고 하며 또한 계속 가야 하기 때문입니다.

어디로 가야 합니까? 내 움직임이 마지막으로 도달하는 항존 하는 거기가 있습니까?

모든 움직임이 여기에서 언제나 오직 임시로 도달한다고 우리가 경험한다면, 우리는 저 깊이 우리 안에서 모든 움직임이 마지막으로 가는 다른 거기가 있다는 확신을 갖습니다. 이 거기가 없다면,

우리는, 우리를 거기로 이끌고 데려가는 그 강렬한 예감을 우리 안에서 감지하지 못할 겁니다. 여기에서 예감이란, 우리는 이미 벌써 그 거기와 연결돼 있다는 것입니다. 연결이 없다면, 우리는 거기에 대해 어떤 예감도 갖지 않을 것입니다.

우리가 영적인 정신의 움직임과 공명에 온다면, 이 예감은 확신이 됩니다. 그 움직임은 우리를 이미 벌써 우리가 상상하는 가능성들을 넘는 분야로 이끕니다. 예를 들면 우리는 거기 안에서 벌써 다음 단계들을 알고 우리에게 무엇이 오는가 지각합니다. 자주 그것은 이제까지의 우리 상상들을 훨씬 넘는 요구입니다. 이 요구는 우리를 이 경험이 없었으면 우리가 예감할 수도 없는 거기로 이끕니다. 그것은, 우리가 속으로나 겉으로 이끌려, 여기에서 우리가 사는데 있어서 없으면 안 되는 것을 넘어, 어떤 것이 영적으로 우리를 데려간다는 앎입니다.

거기 가는 길에 우리는 있습니다. 그리고 이미 우리는 거기 있습니다. 우리 예감으로 거기 있습니다. 그리고 우리는 거기를 확신합니다. 사랑으로 확신합니다.

공간

공간을 우리는 제한된 것으로 경험합니다. 공간이 우리를 위해 넓어져 넓게 되어도, 우리에게는 제한돼 있습니다. 열린 공간마저도, 우리에게 끝없는 움직임을 허락하는 것처럼 보이는 것만큼 열려져 있습니다. 실제 그렇지 않지만, 자주 생각들에서만 그렇습니다. 정말 열린 생각들은 없습니다. 모든 생각은 생각이기에 이미 제한돼 있습니다.

우리는 우리의 제한된 공간을 넘으려고 합니다. 좁음에서 넓음으로 가려 합니다. 출생 때처럼 나중에도 그렇습니다. 우리를 제한하는 모든 것을 넘어 우리는 얼마 후 가려합니다. 새로운 공간들을 점령하지만, 우리는 다시 우리 경계에 옵니다.

경계 없음은 우리의 가장 깊은 동경입니다. 우리의 움직임은 경계 없음을 향해 갑니다. 이 움직임을 우리는 이미 지금 영적인 움직임에서 경험합니다. 이 움직임에서 우리는 우리 몸의 좁은 공간에서 영적인 공간으로 이끌립니다. 여기에서도 처음엔 제한된 영적인 공간으로 이끌립니다. 이 영적인 공간에서도 아직 우리가 움직임에 있기 때문입니다.

그렇다면 어떻게 이 움직임이 끝납니까? 첫째, 생각들의 움직임이 끝납니다. 그 다음, 시간의 움직임이 끝납니다. 시간과 생각의 움직임들은 무한한 어떤 것을 향한 평온한 바라봄에서 사라집니다.

여기에서도 우리는 아직 영적인 공간에 있습니다. 이 바라봄이 아직 어떤 것을 따라 그것을 넘을 수 있습니까? 여기에서 어떻게 그 공간도 끝납니까?

마지막으로 자아와 함께 모든 대상도 녹습니다. 공간과 사랑 그리고 존재도 없이 녹습니다. 우리가 아는 존재도 공간 안에 있었습니다. 공간에 제한돼 있었습니다.

거기에서 우리에게 무한한 것이 지금 이미 경험으로 시작합니다. 물론 제한돼, 아직 공간 안에서 시작합니다. 우리가 이 경험 후 다시 돌아오기 때문입니다. 그러나 내면 저 깊이 앎에서, 우리는 이미 모든 공간 너머 거기 있습니다. 경계 없이 거기 있습니다.

알려지지 않는

내게 본질적인 것이 알려지지 않습니까? 내게 알려지지 않을 수 있습니까? 내게 본질적인 비밀스런 것이 어디에 숨겨져 있습니까? 내 안에 숨겨져 있습니까? 아니면 내 밖에 숨겨져 있습니까?

만약 내 안에 감춰져 있다면, 그게 정말 비밀입니까? 왜 내게 감춰져 있어야 합니까? 내게 본질적이라면, 왜 내게 감춰져 있어야 합니까?

알려지지 않은 지식이나 과거 그리고 미래에 대해 내게 말하여지는 많은 것뿐 아니라 내게 그런 지식을 털어놓는 많은 것은 내 삶에 본질적인 것이 아닙니다. 예를 들면 다른 사람들에 대한 알려지지 않은 지식입니다. 도대체 이 지식이 나의 무엇을 변화시킬 수 있겠습니까? 이 지식이 지금 내게 봉사합니까? 본질적인 사람이 되기 위해 알아야 할 통찰을 그 지식이 내게 전달합니까?

나의 미래는 나와 어느 정도 통해 있습니다. 오직 내면에서 예감과, 오는 어떤 것에 지금 벌써 나를 데려가는 움직임에 의해 어느 정도 통해 있습니다. 비밀스럽게가 아니라 누구나 다 알 수 있게 통해 있습니다. 비밀스런 지식에 의해 전수되었다는 일반적인 미래에 대한 주장들은 내게 차라리 알려지지 않은 게 좋습니다. 그 주장들이 참이고, 그래서 내가 따른다면, 나는 나에게서 더 많이 나입니까? 나는 나에게서 더 많이 알게 됩니까? 나는 나에게서 더 본질적이겠습니까?

그렇습니다. 나는 여기에서도 차라리 누구나 알 수 있는 것에, 지금 누구나 알 수 있는 것에 머뭅니다. 누구나 알 수 있는 것도 충분히 비밀스럽습니다. 누구나 알 수 있는 것 뒤에 다른 어떤 것, 감춰진 어떤 것이 작용합니다. 감춰진 어떤 것은 내게 지금 필요한 만큼 누구나 알 수 있는 것에 자신을 드러냅니다. 예를 들면, 지금 해야 할 행동을 위해 드러냅니다. 그것은 그렇게 감춰져 있지만, 결코 비밀이 아닙니다. 내게 필요하면 그것은 스스로를 드러내기 때문입니다. 지금 본질적인 것만큼 드러냅니다.

나를 위해 더 많이 드러낼 필요가 있습니까?

진보

"우리가 멀리 왔다든가, 우리는 더 잘 했다" 하는 게 진보입니다. 진보는 새로운 통찰을 따릅니다. 통찰은 진보를 준비합니다.

우리는 어떻게 진보를 잽니까? 생명과 생존에게 가져오는 것으로 진보를 잽니다. 끊기보다 함께 하게 하는 것에서 진보는 재어집니다. 이런 의미에서 세계화는 아주 큰 진보입니다. 진보는 경계를 넘어 이끕니다. 이런 의미에서 우리는 큰 진보의 시대에 살고 있습니다.

이 진보들에게 대가를 치러야 한다는 것은 당연합니다. 자주 아주 큰 대가를 치러야 합니다. 어떤 대가였는지, 얼마 지나야 우리는 알 수 있고 감지할 수 있습니다. 진보는 그러나 대가를 넘고 완화시켜야 계속 갈 수 있습니다.

진보가 많은 사람들에게 어떤 것을 주면서 다른 것을 요구하기에, 그들은 두려워합니다. 예를 들면 더 많은 지식과 능력을 요구하기에 그렇습니다. 진보는 우리 삶에서 더 많은 것을 요구합니다.

그렇기에 많은 사람들은 진보를 천천히 오게 하려거나 진보에 반대합니다. 그러나 진보는 얼마 지나면 그들도 덮칩니다.

진보를 저지할 수 없기에, 진보와 함께 가는 게 현명한 선택입니다. 더 나아가 진보를 이끌어 진보에 기뻐합니다. 진보가 생명에 봉사하기 때문입니다.

우리가 어떻게 해야 할지 우리는 자주 모릅니다. 그러나 우리가 진보에 봉사하여 진보를 더 가게 함으로, 우리 삶이 더 풍부하고 더 넓게 된 것을 경험합니다.

영적인 정신에서도 진보가 있습니다. 무엇보다 영적인 정신에서 있습니다. 영적인 능력 없이 진보는 없습니다. 끊임없는 영적인 연구와 능력 없이 진보는 거의 없습니다.

저는 여기에서 다른 영적인 진보에 대해 말하고 싶습니다. 곧 계몽의 진보입니다.

여기에서 계몽이란, 일정한 영적인 상상이나 가정이 검사될 수 있는 결과와 맞느냐, 입니다. 감춰진 어떤 두려움에서 이 상상들이 날개를 펼치는가를 계몽은 분명하게 밝힙니다. 자주 어떤 이성에도 맞지 않는 두려움을 밝힙니다.

이 상상들이 가장 강하게, 서로 다른 사람들과 문화들을 상호 존중에서 함께 하게 하여 함께 가게 하는 본래적인 진보를 방해합니다.

이 진보는 우선 개인적인 노력에 의한 능력입니다. 사람들을 서로 절연시키는 눈먼 믿음과 맹목적인 열광을 벗어나게 하는 개인의 능력입니다. 눈먼 믿음을 사랑으로 벗어나려고 시도하는 능력입니다. 영적인 정신의 움직임과 공명에서(영은 어떤 경계도 세우지 않기에) 그 능력은 그 경계들도 사랑으로 넘습니다.

누가 여기에서 진보적입니까? 이 영적인 정신 그리고 이 영적인 정신과 공명에 있는 우리입니다.

6장

그렇게 우리는 살며, 언제나 이별하는구나.

| 마리아 릴케의 두이너저의 여덟 번째의 비가에서 |

나는 간다

누가 나를 부르면, 나는 갑니다. 초대나 부름이 있으면, 갑니다. 초대나 부름에 나는 응답합니다. 나는 나를 기다리는 사람에게 이끌립니다.

가끔 나는 금방 가길 망설입니다. 감은 머묾이기도 하기 때문입니다. 가면 결과가 따릅니다. 나를 묶어 연결합니다.

어디에서 그런 부름이나 눈짓이 옵니까? 자주 밖에서 옵니다. 나는 이 부름에 사랑으로 대답합니다. 자주 의무나 강요에 따를 수도 있습니다. 의무나 강요에 따르는 감은 정말 감이 아닙니다. 내가 가도 나는 그 의무나 강요를 다시 벗어나려고 하기 때문입니다.

사랑으로 감은 다릅니다. 머물려고 나는 갑니다. 가끔 평생 머물려고 갑니다.

가게 부름을 받으면, 나는 다른 어떤 것을 떠나야만 합니다. 떠나가면서, 어떤 것을 뒤에 놓아 지나게 둘 각오를 해야만, 나는 정말 그리고 온전하게 갑니다.

죽음도 그런 감입니다. 죽음이 사랑과 함께 하는 죽음인지, 의무나 강요에 의한 것인지, 거의 우리 손에 달렸습니다. 죽는 대부분의 사람들은 이미 전에 이 부름을 들어 그 감과 옴에 각오를 합니다. 그럼 그 죽음은 축복된 감과 옴입니다. 평온하게 헌신하는 감과 옴입니다.

우리가 죽으면 누가 부릅니까? 누가 기다립니까? 누가 우리를 받아들입니까? 모든 염려와 수고를 벗어나, 우리가 머물 수 있는 누군가나 어떤 것이 우리를 부르고 기다리며 받아들입니다. 이 감으로 우리는 되돌아옵니다. 우리가 온 곳으로 되돌아옵니다.

우리에게 아직도 어떤 것이 부족합니까? 오직 이별이, 사랑과 함께 하는 이별이 부족합니다.

생각 놀이

무엇보다 저는 다른 사람들의 생각들로 놀이합니다. 예를 들면 그들의 신에 대한 생각들입니다. 저는 그 생각들을 내 마음대로 이리 저리 비틉니다. 그러나 그 생각들은 언제나 같은 원을 돕니다. 신에 대한 그들의 생각으로 나는 내 자신의 생각들을 안 해도 됩니다. 내 생각들은 자주 나를 두렵게 하기 때문입니다. 내 생각들이 어리석다는 것을 내가 알아채기 때문입니다. 내가 제대로 생각한다면, 그 생각들이 내가 정말 생각하는 것과 나를 절연시킨다는 것에 나는 두려워합니다.

여기에서 생각 놀이는 끝납니다. 곧, 저는 단번에 한 생각을 얼굴과 얼굴을 맞대며 직면합니다. 내 저 깊이에서 쉬지 않고 어떤 것을 움직이게 하며 움직임에 있게 하는 생각을 직면합니다. 내가 잊거나 없애려고 해도 언제나 곁에서 나를 동반하는 생각과 직면합니다. 내 죽음에 대한 생각입니다.

신에 대한 생각 놀이는 죽음 앞에 있는 이 마지막 두려움에 의존돼 있는 것으로 나타납니다. 그 놀이는 심각하게 되기 전의 모래성 쌓는 놀이입니다. 제 시간이 되기 전의 시간을 허비하는 놀이입니다.

다른 사람들의 신에 대한 생각들을 우리는 어떻게 좋게 다룹니까? 우리는 우리에게 질문합니다. 그 생각들이 죽음을 직면하는 생각들입니까? 이게 무엇을 의미하는지 릴케는 자신의 마지막 시에서 기도합니다.

오거라 너, 마지막인 너, 나는 너를 몸속의, 치유 불가능한 고통이라고 인정한다.
내가 영적인 정신 안에서 타는 것처럼, 보아라, 나는 네 안에서 탄다.
나무는 네가 지른 화염에 동의하는 것을 오랜 동안 거절한다.
그러나 나는 너에게 영양을 주고, 네 안에서 탄다.
여기에서의 나의 온화는 네 격노에서 여기 아닌 지옥의 격노가 된다.
온전히 순수하게, 미래에 대해 전혀 계획 없이 자유롭게,
나는 고통의 혼란한 화형의 장작더미 위로 올랐다.
어떤 미래도 확실하게 살 수 없이, 이 심장을 위해, 그 안에서 재고품은 침묵했다.
거기 알려지지 않고 타는 이가 아직도 나인가?
나는 회상들을 끌어들이지 않는다.
오 생명이여, 생명이여. 밖에 있음이여.
그리고 나는 화염에. 나를 아는 누구도 없구나.

죽음에 직면해서도 버티는 것은 신 앞에서도 버팁니다. 그러나 어디로 가는지 모르고 생각 없이 데려가집니다. 녹아, 다르게 거기. 어떻게 거기? 일시적으로 거기.

심각

경계에 오면 우리에게 심각하게 됩니다. 거기에서 어떤 것이 우리에게 끝나거나, 얼마 있으면 출구가 열립니다.

우리가 이 경계에 서서 출구를 찾으면, 우리에게 무엇이 일어납니까? 이게 마지막이라고 하면서, 우리가 그 경계에 우선 동의해야 해도, 출구를 찾으면 우리에게 무엇이 일어납니까? 예를 들면 죽음이 우리를 기다릴 때입니다.

우리 경계에 이게 적용됩니다만, 다른 사람들이 자신들의 경계에 왔다고 우리가 두려워 할 때도 마찬가지로 적용됩니다. 그럼 우리는 그들을 위해 아마도 우리 지식이나 통찰에 반해 출구를 찾습니다.

그게 그들에게나 우리에게 도움이 됩니까? 우리가 그들뿐 아니라 우리를 심각하게 여깁니까? 우리가 경계에 도달했다고 정말 심각하게 여깁니까?

그렇다면, 어떻게 우리가 사랑에 넘치면서 동시에 심각하게 행동합니까? 우리는 그들과 함께 그들의 경계에 머뭅니다. 우리로부터 움직이지 않고 우리는 그들에게 있습니다. 이렇게 우리는 그들의 운명뿐 아니라 우리 운명과 공명에 머뭅니다. 우리는 우리와 그들 그리고 우리 운명과 그들의 운명을 마음대로 하는 그 힘들과 공명에 머뭅니다.

이 공명에서 우리와 그들은 힘을 얻습니다. 그 힘 앞에서 그 경계는 얼마 있으면 물러납니다. 그리하여 그 경계는 표면적인 것을 넘어 항존 하는 어떤 것을 위해 열립니다.

누구를 위해 이 경계가 열립니까? 우리가 그 경계를 심각하게 여겼기에, 우리를 위해서도 열립니다. 여기에서 우리 사랑도 심각했기 때문입니다.

실재처럼 보이게 하는

세계에 대해 우리가 만든 상은 우리에게 진짜처럼 나타납니다. 우리에게 실재처럼 보이는 세계상들에게 우리는 우리를 맞출 수 있습니다. 그게 없다면 우리는 존재할 수가 없습니다.

이 상들은 우리의 상들입니다. 모든 인간에게 같습니다. 그렇기에 우리는 그 상들에게 우리를 맞출 수 있으며 과학적으로 검사하여 응용할 수 있습니다. 그럼에도 이 과학은 우리의 과학입니다. 이 과학은 오직 사람을 위해서만 그리고 그 세계상들 안에서만 유효하며 도움이 됩니다.

두더지는 전혀 다른 세계상을 갖습니다. 그 상은 두더지와 두더지가 사는데 정확하게 맞습니다. 우리에게 나타나는 우리 세계상에 두더지가 맞춘다면, 두더지는 얼마 살지 못하고 죽습니다. 당연히 우리도 두더지 세계상에 의하면 마찬가지입니다. 벌레나 개미와도 마찬가지입니다. 그들의 상이 그들의 생을 영위할 수 있게 합니다. 그들은 다른 세계상들에 대해 어떤 것을 알 필요도 없을 뿐 아니라 그 상들에 자신들을 맞출 필요가 없습니다.

우리가 이 세계상들을 서로 비교해도 됩니까? 다른 세계상들이 우리 내면으로나 경험으로 우리와 통할 수 없게 되어 있기에, 우리 인간에겐 아주 어렵습니다. 우리는 우리 세계상에 그리고 다른 생물들은 자신들의 세계상에 머뭅니다.

그런 세계상이 어떻게 생깁니까? 우리에겐 우리에게 주어진 지각으로 생깁니다. 눈에 일정한 자극과 함께 상호교환에서 눈에 상이 생깁니다. 상은 눈에 맞춰집니다. 이렇게 우리 세계에 대한 우리 상들이 생깁니다. 이 상들은 우리 눈 감각의 자극들과 상호교환에서 우리에게 진짜처럼 나타납니다.

우리 귀와 다른 감각기관에게도, 더 나아가 우리 느낌들과 생각들에게도 마찬가지가 일어납니다. 그 도움으로 우리는 우리 삶에 필요한 실재의 일부를 알아냅니다.

다른 생물들에게도 비슷합니다. 그들이 만든 상들은 우리 감각기관으로 만든 우리 상들과 단지 다를 뿐입니다.

상이나 세계상은 여기에서 몸에게 주어진 대답입니다. 자신뿐 아니라 같은 종의 생존에 맞게 몸에게 가능한 알아챔입니다. 이 대답은 움직임에서, 목표를 향한 움직임에서, 나타납니다. 이건 우리 상들을 포함하는 모든 세계상들에게 유효합니다.

그 세계상들을 갖게 되는 목표와 방법이 모든 생명체에게 다른 것처럼, 그 목표에 봉사하는 상들도 다릅니다. 모든 상들은 하나의 실재를 보이게 합니다. 각각 다른 실재를 보이게 합니다. 그 상들은 그 상들을 갖는 모두에게 생존에 없어서는 안 되며, 그 경계 안에서 또한 참입니다.

질문은 우리 인간에게 다른 실재가 있느냐입니다. 우리에게 감각으로 나타나는 실재 너머, 곧 우리 세계에 대한 우리 상들 너머 다른 실재가 있느냐입니다.

모든 것에 다른 어떤 것이 작용하고 있다는 우리 예감도 그런 상입니까? 존재하는 모든 것을 알며, 존재하는 대로 생각하는, 모든 것에 작용하는 영적인 어떤 것이 있다는 우리 예감도 그런 상입니까? 우리 안에 이 실재에 맞춰진 감각기관이 있습니까? 그리하여 우리에게 이 세상에서 삶을 가능하게 하는 실재처럼 그 실재를 그와 비슷하게 알아챌 수 있습니까? 우리 세계상 너머, 감각으로 그 실재를 알아채게 하는 기관은 없습니다. 그런 기관이 있다하더라도 우리 생명과 생명의 진전에 더 많이 봉사하는 어떤 것이 우리 세계상에 더해지겠습니까? 자신들의 세계상과 그에 맞는 의식을 갖는 동물들처럼, 우리도 우리 세계상과 그 상에 맞는 의식으로, 우리는 여기에서 우리 생명에 필요한 모든 것을 갖습니다.

이 예감과 이 예감에서 오는 움직임은 우리 세계상 너머 어떤 것을 향합니다. 그 예감과 움직임은 우리 세계상이 우리에게 실재처럼 보이게 하는 모든 것에 의존하지 않고 작용하는 어떤 것을 향합니다. 그 어떤 것은, 실재처럼 보이는 세계에서 우리 생명을 안고 데려가려고, 한 편에서는 우리에게 우리 세계상을 정해주지만, 다른 편에서는 우리 감각이 작용하지 않는 분야로 우리를 자신에게 이끕니다.

여기에서 실재처럼 보이는 것은 끝납니다. 실재처럼 보이는 삶도 그리고 실재처럼 보이는 죽음도 끝납니다. 죽음도 우리에게 실재처럼 보이는 세계상에 속하기 때문입니다. 그리고 죽음은 우리 세계상에서 제자리를 차지합니다. 잠정적으로.

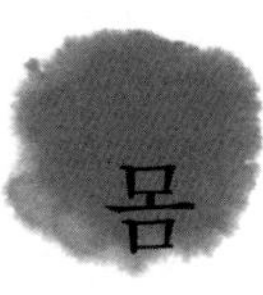

몸

내 몸은 어디에 있습니까? 내 몸이 내 안에 있습니까? 반대로 내가 내 몸 안에 있습니까? 내 몸이 내 밖에 있습니까? 그리하여 내가 내 몸에 대해 상을 만들 수 있습니까? 마치 내가 내 몸과 마주하고 있는 것처럼 상을 만들 수 있습니까?

나는 이 상을 바꿀 수 있습니다. 나는 내 몸에 대해 다른 상을 만들 수도 있습니다. 이 상은 작용을 합니다. 내가 내 몸에 대해 만드는 상에 따라, 나는 기분 좋게도 또는 나쁘게도 느낍니다.

내 몸의 기분이 어떠한가를 무엇이 결정합니까? 내가 내 몸에 대해 만드는 상에 따라 내 몸이 다른 실재를 갖습니까? 내 몸이 자신만의 실재를 갖습니까? 혹 내 몸은 내가 내 몸에 대해 만드는 상을 통해 자신의 실재를 갖습니까?

이 상을 무엇이 결정합니까? 그 뒤에 특별한 의도나 목표가 있습니까? 그렇다면 무슨 목표입니까? 이 상은 무슨 목표를 이루려고 합니까?

여기에서 저는 생각을 중단합니다. 그리고 더 넓은 상관관계를 보이겠습니다.

물질이 에너지라는 것을 우리는 압니다. 에너지는 우리에게 상으로 형체를 갖습니다. 물질의, 많은 물질의, 상을 갖습니다. 에너지는 우리 몸의 상으로도 형체를 갖습니다.

우리 몸이 에너지로 꽉 차 있다는 것을 우리는 경험합니다. 우리 몸 안에 있는 모든 것은 움직임에 있습니다. 에너지에 의해 움직여지고 있습니다. 이 에너지를 우리는 그 작용에서 알아챕니다. 에너지가 어떤 것을 어떻게 움직이는가에 의해 알아챕니다. 그러나 우리는 에너지를 볼 수는 없습니다. 우리는 단지 에너지가 움직이게 하는 것에 대해 상을 만듭니다. 질문은, 에너지가 자신이 움직이게 하는 것과 함께 움직이느냐입니다. 그에 대해 우리가 상을 만들 수 있습니까? 혹 이 질문에 우리 상은 대답할 수 없습니까?

우리가 우리 몸에 대해 다른 상을 만들어 우리 몸이 다르게 움직인다면, 우리 상은 틀림없이 에너지에게 영향을 미칩니다. 이 의미에서 에너지는 우리가 만든 상에 달려 있습니다.

상이 왜 그러한 효과를 갖습니까? 상이 무엇에 작용을 합니까?

상이 우리 상들 너머 어떤 것에 작용을 합니까? 혹 상이 어떤 것과 상호 의존돼 있는 다른 상들에게만 작용을 합니까?

그렇다면 우리 몸에게서 우리 앎을 위해 무엇이 남습니까? 상. 오직 상만이 남습니까?

내려온

오랜 여행을 한 후 우리는 밤에 쉬기 위해 내려옵니다. 내려올 수 있고 쉴 수 있는 곳이 있어 우리는 즐거워합니다.

많은 사람들은 높은 말에서 땅으로 다시 내려옵니다. 말을 오래 탈 수는 없기 때문입니다. 땅에 다시 내려오면, 안전함을 느낍니다. 드디어 아래에서 안전함을 느낍니다!

위에서 아래로 내려옵니다. 다른 사람들에게 의지할 수 있고 받아지는 곳 아래로, 우리는 갑니다. 내려온 후 우리는 더 편하게 느낍니다. 내려온 후, 아래에서만 우리는 다른 사람들과 똑같은 사람으로 느낍니다. 그렇기에 많은 사람들은 내려온 후 편하게 느낍니다. 내려옴이 계속 가게, 새로운 것을 시작하게 허락합니다. 많은 사람들과 다르게, 인간적으로, 연결돼 있게 허락합니다.

사람으로서 다른 사람들과 다시 같은 사람이 되기 위해, 많은 사람들은 내려와야 인간적으로 됩니다. 그리하여 새로운 관계들, 새로운 행동들 그리고 새로운 사랑이 가능하게 됩니다.

본래의 하강은 나로부터 하강입니다. 우리를 다른 사람들과 절연하게 하여 멀게 한 것으로부터 하강입니다. 이 하강이 우리를 인간적으로 계속 이끕니다. 하강 후 우리는 다른 사람들에게 향하여 갑니다.

하강의 반대는 상승입니다. 여기에서 우리는 하강이 없게 상승해야 합니다. 하강으로 조절하려 하지 않게 상승해야 합니다.

어떻게 우리는 상승합니까? 그들 위나 아래에 있지 않고, 우리는 많은 사람들과 함께 상승합니다. 같은 것에서는 하강도 상승도 더 이상 없습니다. 모두는 함께 상승합니다. 함께 하강을 막아, 함께 앞으로 나아갑니다. 어떻게? 서로 존경함으로, 서로 잡아줌으로, 서로 사랑함으로 됩니다.

이 차원으로 내려온 사람은 정말 상승합니다. 인간적으로 상승합니다. 겸손하게 상승합니다. 사랑으로 상승합니다.

이렇게 어디로 상승하든 그는 거기에 영원히 머뭅니다.

오, 더 계속, 오직 더 계속

우리가 도달한 것은 계속 우리를 밉니다. 머문다면, 끝장입니다.

무엇보다 우리 생각들이 더 갑니다. 우리가 어떤 것의 일부만 단지 인식하기에, 그리하여 그 일부만 우리가 파악한다는 것을 알기에, 우리는 계속 더 갑니다.

우리 경험들도 마찬가지입니다. 우리가 무엇을 경험하든, 그것은 우리를 계속 밉니다. 다른 경험들을 향해 밉니다. 이제까지 아직 없었던 어떤 것을 향해 밉니다. 이렇게 우리 생명은 계속 갑니다. 인류의 생명도 계속 갑니다.

어디로 갑니까? 이 움직임에게 하나의 목표가 있습니까? 혹 우리가 끝없는 움직임에 있습니까? 우선 가까운 목표를 우리에게 주어진 목표로 보면, 우리는 우리 움직임이 이 목표를 넘어 가려는 것을 금방 알게 됩니다.

무엇에 우리를 맞춰야 합니까? 계속 간다는 것에, 언제나 계속 간다는 것에 우리를 맞춰야 합니다.

그럼 우리가 평온에 옵니까? 이 움직임은 결코 평온에 오지 않습니다. 이 움직임이 창조적인 움직임이기에 결코 평온에 오지 않습니다. 우리가 이 움직임에 우리를 함께 움직이게 하면, 우리는 이 움직임 안에서 평온에 옵니다. 우리를 어디로 끝없이 이끌든지 우리는 평온에 옵니다.

우리를 이 움직임에 맡기고, 그 움직임에 사랑과 헌신으로 동의하면, 우리는 이 움직임에 안겨 갑니다. 이 움직임에 우리를 믿고 의지하면, 우리는 평온에 옵니다, 움직임에 있는 평온에 옵니다. 이 평온은 살아 있는 움직임입니다. 이 움직임은 계속 가기에 우리를 채웁니다. 사랑으로 채웁니다. 모든 새로운 것은, 우리 사랑이 움직임 안에서 언제나 더 많이 마음을 열기에, 우리에게 새롭습니다.

여기에서 무엇보다 우리 사랑이 계속 갑니다. 이 사랑은 평온합니다. 모든 것에 똑같이 거기, 온전히 거기 있기에 평온합니다.

오, 오고 그리고 가거라

네가 온 대로 너는 가도 된다. 나도 온 대로, 나는 가도 된다. 모든 옴은 잠시 동안입니다. 모든 옴은 감을 기다립니다. 감에서 완성되기 때문입니다. 어디로 갑니까? 하나의 한계를 넘어 갑니다.

여기에서 누가 오고, 누가 갑니까? 우리 생명이 오고 갑니다. 그렇게 우리는 지각합니다. 이 생명으로 우리는 와서, 얼마 동안 머물다, 우리가 죽으면, 생명을 떠납니다.

우리와 생명을 나누는 다른 사람들도 그렇게 옵니다. 그들은 우리와 함께 얼마 동안 지내다 갑니다. 우리처럼 그들도 시간이 되면 생명을 떠납니다.

오, 오고 그리고 가거라. 나는 오고 간다. 너도 오고 간다. 모든 것이 오고 간다. 그리고 우리는 모든 것이 가야하고 가려고 하면, 가게 한다. 모든 것을 가게 한다.

우리가 가면 우리에게 무엇이 일어납니까? 우리가 가면, 우리는 끝입니까? 다른 사람들이 가면, 그들이 끝입니까? 세계가 가면, 세계가 끝입니까?

우리 안 저 깊이에서 우리는 우리의 옴과 감이 단지 한 순간에 왔다 다음 순간에 가는 찰나라는 것을 예감합니다. 어디로? 오지도 가지도 않는 다른 움직임으로 가는 찰나라는 것을 예감합니다. 그 움직임은 스스로에서 정지하고 있기 때문입니다.

우리의 감과 옴은 일시적입니다. 우리가 그 시작과 마지막 목표를 모르는 이 삶에서만, 우리는 일시적으로 이 삶으로 옴과 삶에서 감을 경험합니다. 그리고 우리는 우리와 다른 모두가 이 움직임에 연결돼 있다는 것에 동의합니다. 이 움직임을 멈출 수도, 변경할 수도 없을 뿐만 아니라 우리는 그 방향도 모릅니다.

그럼, 우리는 어떻게 오고 갑니까? 우리는, 모든 것이 어떻게 오고 가든지, 모든 것이 머무는 한 움직임 안에서 오고 갑니다.

그렇다면 누가 오고 가든지, 무엇이 오고 가든지, 그리고 그게 언제 오고 가든지, 문제가 됩니까? 오는 것은 거기 있습니다. 언제 와서 가든지, 그리고 어떻게 와서 가든지 거기 있습니다. 와서 다시 돌아갑니다. 모든 것과 같게 돌아갑니다. 영원히 돌아갑니다.

마지막

마지막 오는 것은 결국 옵니다. 모든 것은 이 마지막을 기다렸습니다. 마지막은 그 앞 것을 완성합니다. 그렇기에 우리는 말합니다. "마지막으로 웃는 사람이 승자다." 그 앞에 온 것은 더 이상 소용없습니다.

마지막으로 온 것은 언제나 거기 있었습니다. 단지 많은 사람에게 감춰져 있었습니다. 그렇기에 그것은 오지 않고, 단지 나타납니다. 마지막으로 나타납니다.

그럼 왜 우리는 마지막을 기다립니까? 우리가 이 순간에 마지막을 견딜 수 없기 때문입니다. 그럼에도 우리는 마지막을 결코 벗어날 수 없습니다.

죽음은 우리에게 마지막으로 옵니다. 적어도 우리는 그렇게 생각하며 말합니다. 죽음과 함께 전이었던 것이 종말에 옵니다. 혹,

원래 종말이 없지는 않습니까? 모든 것이 어떤 마지막도 기다리지 않는 하나의 움직임에 있지는 않습니까?

이 움직임에서는 어떤 기다림도 없습니다. 모든 것이 계속 갑니다.

그럼에도 우리에게는 마지막이 있습니다. 우리 자아에게는 마지막이 있습니다. 이 마지막은 올 수 없습니다. 오직 가기만 합니다.

마지막이 가면, 순수한 현재가 시작합니다. 모든 것이 있고 영속하는 대로의 현재가 시작합니다. 당연하게 현재는 움직임에 있습니다.

이 현재는 언제나 처음입니다. 이 현재는 언제나 새롭기 때문입니다. 과거나 미래도 없이 언제나 새롭습니다. 영원히 새롭습니다.

끝이 좋으면, 모든 것이 좋다

우리는 끝을 바라봅니다. 끝과 함께 모든 것이 지난다고 생각하기 때문입니다. 그러나 우리가 끝을 바라보면, 끝을 가져오게 하는 것을 놓칩니다. 끝 앞에 있는 모든 것과 함께만, 끝이 있기 때문입니다.

그렇기에 우리는 끝을 그 시작과 그리고 시작과 끝 사이의 모든 것과 함께만 바라볼 수 있습니다. 단번에 우리는 시작이 없으면 끝이 없다는 것을 인식합니다. 그리고 그 사이에 움직임의 시작뿐 아니라 움직임의 끝도 우리에게 감춰진 하나의 움직임이 있다는 것을 인식합니다.

그런데 우리는 왜 끝이 좋으면 모든 것이 좋다고 말합니까? 하나의 움직임으로부터 계속 움직여지지 않으면서, 그 움직임의 끝을 기다리기 때문입니다.

왜 우리는 끝을 기다립니까? 움직임에 우리가 있으면서도 우리는 왜 움직임의 끝을 기다립니까? 움직임의 끝에 우리에게 무엇이 생깁니까? 우리가 움직임의 끝을 기다리면 우리에게 무엇이 발생합니까? 움직임의 끝을 바라보면서 우리는 이 움직임으로부터 벗어납니다. 더 나아가 움직임을 놓칩니다.

어떤 움직임들이 끝에 옵니까? 우리가 어떤 것을 끝내려고 우리로부터 시작한 움직임들이 끝에 옵니다.

왜 우리는 그걸 원합니까? 끝없는 움직임은 우리를 두렵게 하기 때문입니다. 어떤 두려움입니까? 우리가 그 움직임에서 우리를 잃을 거라는 두려움입니다. 우리가 그 움직임에서 끝없이 계속 가는 하나의 움직임으로 데려져 갈 거라는 두려움입니다. 시작 없이 무한하게, 끝없이 무한하게, 무한한 사랑으로 데려져 갈 거라는 두려움입니다.

이 사랑이 어떤 한계에도 도달하지 않아 끝에 도달하지 않는다면, 우리가 붙잡을 수 있는 것이 없을 뿐 아니라 우리로부터 시작할 수 있어 우리가 끝낼 수 있는 어떤 것도 우리에겐 없습니다. 우리는 결국 그저 놓습니다. 시작뿐 아니라 끝도, 곧 모든 것이 좋기 때문입니다. 결국 이것뿐 아니라 저것도 남지 않기 때문입니다. 우리와 함께 그리고 우리 없이도 움직임에서 언제나 영속하는 것만이 남습니다. 매순간 언제나 창조적으로 새롭게 움직이는 움직임만이 영원히 남습니다.

7장

수많은 존재가 내 마음에서 태어나는구나!

| 마리아 릴케의 두이너저의 일곱 번째 비가에서 |

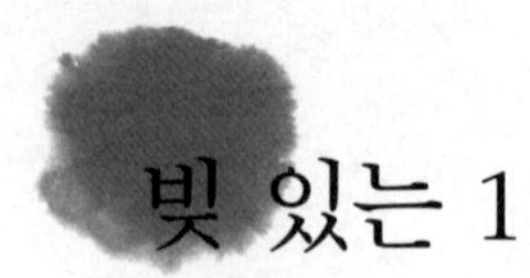

빚 있는 1

주고받음의 관계에서만 우리는 빚이 있다고 느낍니다. 이 느낌은 그리하여 주고받음이 조절되는 관계로 이끕니다. 그만큼 이 느낌은 생명과 사랑에 봉사합니다.

이 빚은 느낌으로서 가볍게 작용합니다. 우리에게 선물로 주어진 것을 받고, 되돌려 주면 가벼운 느낌을 우리는 갖습니다. 다른 사람으로부터 무엇을 받은 우리는, 우리가 되돌려줄 때까지 평안치 못합니다. 혹, 우리가 되돌려주지 못할 경우에는 준 사람과 공명에서 그가 원하는 것을 다른 곳에 주면 가볍게 느낍니다. 그럼, 죄책감(빚느낌)은 지나고 우리는 가볍고 자유롭게 느낍니다. 모든 것에서 둘은 사랑에 있습니다.

그러나 조절이 되지 않으면 어떻게 됩니까? 우리가 누군가에게 해를 입혀 그가 우리에게 악의를 갖는다면 어떻게 됩니까? 또는 다른 사람이 우리에게 해를 입혀 우리가 그에게 악의를 품는다면 어떠합니까? 여기에서는 상대를 지배하기 위한 싸움이 시작합니다. 정의의 상상으로 복수가 시작합니다. 내가 옳기에 나는 좋은 사람이고 상대는 옳지 않기에 나쁜 사람이라고 상상합니다.

즉시 둘은 나쁜 생각들과 나쁜 느낌들을 갖습니다. 상대가 다시 잘해보자고 해도, 이 느낌들은 계속됩니다. 동등과 사랑에 적대하는 옳다는 느낌을 쉽게 떨치지 못하기 때문입니다.

어디에 풀림이 있습니까? 보상받을 권리가 우리에게 있다는 느낌과 함께 하는 우월감을 포기할 각오가 돼 있습니까? 그리하여 상대가 죄책감을 잃게 되겠습니까?

반대로 상대가 우월감과 함께 하는 보상의 권리를 포기하고 나를 다시 사람과 사람으로서 만날 각오를 갖는다는 것도 당연하겠습니까? 모든 면에서 같게, 이 죄와도 함께?

둘이 똑같게 사람으로서 느껴, 곧 같게 정의롭게도 그리고 불의하게도, 똑같이 서로 의존돼 있다고 하여 함께 하는 미래를 각오한다면, 사랑이 다시 시작할 수 있어 사랑과 함께 주고받음의 교환도 시작합니다. 둘을 풍부하게 하는 그 가벼운 죄책감과 함께 하는 교환이 시작할 수 있습니다. 다른 죄책감은 분리하지만, 이 죄책감은 연결합니다.

주기도문에는 이 과정이 그렇게 서술돼 있습니다. 여기에서 같은 사람에게서 같은 사람에게로 적용합니다. “내 잘못을 용서하게, 내가 네 잘못을 용서하는 것처럼.” 그럼, 우리 둘은 다시 신 앞에서 같게 됩니다.

빚 있는 2

더 나쁠 뿐 아니라 아주 광범위한 효과를 갖는 것은 상상입니다. 우리가 신에게 불의를 행하기에 신 앞에서도 죄를 범해, 신이 우리를 미워하게 돼, 우리 죄에 대해 정도 넘게 벌을 준다는 상상입니다. 다른 사람들이 신에게 죄를 범하게 돼, 그리고 우리 상상에 우리에게도 죄를 범하게 되면, 신이 인간적인 정도를 넘어 벌을 준다는 상상입니다.

여기에서 우리는 우리의 악의에 찬 생각들을 신에게 전이합니다. 그리고 신에게 전이(轉移)된 우리의 악의에 찬 생각들을 다시 우리에게 전이합니다. 이 상상들이 우리에게서가 아니라 신에게서 온 것처럼 하면서 우리는 우리나 다른 사람들을 벌줍니다.

우리는 이 죄를 어떻게 다룹니까? 우리는 악의에 찬 이 생각들을 우리에게, 오직 우리에게 둡니다. 그리고 그 생각들을 사랑으로 넘습니다. 우리를 위해서뿐 아니라 다른 사람들을 위해서도 같은 사랑으로 넘습니다.

그럼 그 효과는 어떠합니까? 우리는 우리의 사랑에 찬 생각들도 신에게 전이하여, 그 사랑에서 신이 일하는 것을 봅니다. 그리하여 우리는 다른 사람들과 사랑에 찬 공명을 넘어 신과도 사랑에 찬 공명에 옵니다.

혹, 정 반대는 아닙니까? 여기에서도 우리는 주기도문을 조금 변형합니다. "우리 죄를 용서하소서. 우리가 그들의 죄를 용서한 것처럼, 우리는 그들께 죄를 범했고, 그들도 우리에게 죄를 범했습니다." 그리하여 우리는 죄 없이 그들과 함께 신 앞에서 다시 같게 됩니다.

영적인 것

어떤 그림들이 이제까지의 우리를 넘어 이끄는 영적인 길이 있다는 상상 뒤에 작용합니까? 더 높은 영적인 차원으로 이끈다고 상상합니까?

영적인 길이 있다는 상상 뒤에 작용하는 것은 죄책감입니다. 어떤 죄입니까? 더 높은 어떤 것, 영적인 어떤 것에게 죄를 지었다는 상상입니다. 우리는 영적인 길을 통해 그 어떤 것에게 사죄를 받으려고 합니다. 그렇기에 불가피하게도 이 영적인 길에서는 금욕이 중심을 차지합니다. 많게보다는 적게가 삶이 됩니다.

그러나 제대로 보면 이 영적인 길은 존재하는 대로의 생명에 적대합니다. 이 길은 저 깊이에서 우리 자신에 대한 증오의 움직임입니다. 더 높은 영적인 것을 향한 증오의 움직임이기도 합니다. 더 높은 영적인 것에게 우리는 우리 죄때문에 금욕해야 한다고 상상합니다. 우리 자신을 우리가 증오해야 한다고 합니다. 이 영적인 길은 사랑이 없는 길입니다.

그러나 이 길을 가는 많은 사람들은 실제 삶에서 죄뿐만 아니라 증오도 넘어갑니다. 그들은 봉사하기 시작합니다.

이 봉사는 다른 영적인 길입니다. 우리가 영적인 움직임과 공명에서 사랑에 봉사하면, 이 길은 영적이 됩니다. 우선 우리를 위하는 사랑에, 하나의 영적인 사랑에 봉사합니다.

어디에서 이 사랑이 시작합니까? 마치 우리가 더 높은 어떤 것에게 죄를 지었다는 상상을 우리는 우리 뒤로 합니다. 그보다 우리는 우리 생각들과 봉사하는 행동에서, 우리가 우리인 대로 이 영적인 실재로부터 모든 면에서 사랑받는 태도를 갖습니다. 그 실재가 모든 면에서 우리가 이미 갖고 있는 것보다 우리에게 더 많이 주고 원한다는 태도를 갖습니다. 곧 그 실재로부터 우리에게 우리 삶과 사랑에서 더 적게가 아니라 더 많게 사랑이 도달한다는 태도를 갖습니다.

곧 우리는 그 실재로부터 사랑을 갖습니다. 그리하여 우리가 어디에서 봉사하든지, 그 실재처럼 사랑합니다. 우리를 만나는 모든 것과 그리하여 우리에게 봉사하는 모든 것에게 모든 것인 대로 더 적게가 아니라 더 많게 우리도 공명에 있습니다.

그럼 우리가 영적입니까? 혹 우리는 단순히 단지 인간적입니까? 정말 인간적이지는 않습니까?

헤매는 사람

길과 방향을 잃은 사람은 헤맵니다. 소원과 생각뿐 아니라 기업도 자주 헤맵니다. 많은 사랑도 헤맵니다.

길을 잘못 들면 목적지에 결코 도달하지 못합니다. 멀리 가면 갈수록, 우리는 더 멀리 헤맵니다. 우리가 변명하려고 하면, 우리는 더 헤맵니다. 어떤 변명들도 좋은 결과를 가져 오지 않기 때문입니다. 변명들은 귀환을 지연하기만 합니다.

무엇보다 우리 죄책감들은 길을 잃고 헤맵니다. 죄책감은 사랑으로부터 도망가기 때문입니다. 맨 먼저 우리 자신을 사랑하지 못하게 합니다. 죄책감으로 우리는 우리를 해치기 때문입니다. 죄책감을 떨쳐버리려고, 예를 들면 우리는 병듭니다. 많은 사람은 더 나아가 죽으려고까지 합니다.

우리 죄책감을 통해 우리는 영적인 사랑으로부터 도망갑니다.

모든 움직임 뒤에서 작용하는, 사랑으로 작용하는 영적인 사랑으로부터 도망갑니다. 우리가 죄책감을 갖는 움직임 뒤에서도 작용하는 영적인 사랑으로부터도 도망갑니다.

우리 죄책감으로 다른 사람들과 우리 생명의 운명에 개입할 수 있는 권력을 갖는다고 우리가 상상하기에, 우리 죄책감들은 무엇보다 잘못 전달된 것들입니다. 죄책감은 삶과 죽음이 우리에게 달려 있다고 상상합니다. 죄책감으로 우리는 우리와, 우리가 죄가 있다고 하는 다른 사람들에게, 생명의 모든 움직임이 오고 의존돼 있는 창조적인 권력에게 속할 수밖에 없는, 권력을 줍니다.

문제는, 어떻게 우리가 더 이상 헤매지 않고 다시 돌아오느냐입니다. 모든 면에서 우리를 넘는 움직임에, 우리가 우리나 다른 사람들에게 어떤 해를 끼친 움직임에서도, 우리를 헌신함으로, 그 움직임이 그 모든 것을 그 마음대로 했다고 알면서 헌신함으로, 우리는 돌아옵니다. 그 움직임은 우리와 다른 사람들을 우리가 돌아올 수 있고 돌아와야 하는 경계에 데려왔습니다.

어디로? 이 모든 것을 안고 있는 힘 앞에서는 우리 모두가 같다는 통찰로 데려왔습니다. 죄가 있든 없든, 행복하든 불행하든, 우리나 그들의 생명이 어떻게 흐르든 같다는 통찰로 데려왔습니다. 마지막에는 이 다른 사랑에 의해, 모두를 같게 사랑하는 이 사랑에 의해 모두가 같게 안겨 있기 때문입니다. 그리고 이 사랑에서 우리 운명이 어떠하든 정화돼, 고향에 있기 때문입니다.

그 사이에

누군가가 영적이든 육체적이든 움직임을 방해하면, 우리는 "사이에 끼지 마!"라고 말합니다. 왜 그가 내 사이에 끼어듭니까? 내게 무엇을 원합니까? 자주 그는 자신을 위해 나를 나 자신으로부터 떼어내는 그 무엇을 원합니다. 그리고 그는 그 자리를 차지합니다.

그럼에도 자주 나는 그의 일이나 제안에 동의합니다. 그리하여 내가 그를 도우거나 그가 나를 도웁니다. 내가 위험에 처해 있으면, 그는 내 사이에 옵니다. 나를 제지하여 나를 돕습니다. 이 그 사이에 나는 고마워합니다.

그런 그 사이는 우리가 많은 면에서 서로 의존돼 있다는 것을 나타냅니다. 여기에서의 그 사이는 함께입니다.

그러나 대개 우리는 우리나 다른 사람들 사이에 끼어듭니다. 옳고 그르다는 상상을 갖고 끼어듭니다. 더 나쁘게는 선하다 또는 악하다, 하면서 끼어듭니다. 이 상상들로 우리는 어떤 것이 우리나 그들에게 해가 되는지, 또는 득이 되는지, 검사하지 않고 어떤 것을 들이댑니다.

이런 그 사이에 우리의 판단이나 해석도 속합니다. 그 뒤에는 자주 내가 더 잘났다는 생각이 숨어 있습니다. "내가 더 잘 안다"라거나 "내가 더 좋다"가 숨어 있습니다.

이렇게 사이에 끼어드는 사람에게 무엇이 생깁니까? 사람들이 그를 피하여, 그는 외롭게 됩니다.

그렇다면 정말 그는 누구에게 끼어듭니까? 거의 자신께 끼어듭니다. 자신께 끼어든 것을 그는 대개 다른 사람들께 줍니다.

그럼 우리가 어떻게 그 사람과 좋게 사이에 끼어듭니까? 우리는 그의 부족함을 보고, 그의 판단이나 해석과 관계없이 그를 사랑합니다. 그러는 동시에 우리는 침묵으로 우리 자신의 길을 갑니다. 연결하는 사랑과 공명에서 길을 갑니다.

이 사랑에선 모두는 각자 머뭅니다. 동시에 함께 나란히 우리는 사이에 끼지 않고 갑니다. 그럼에도 사이에 끼어야 한다면, 그 사이는 어떤 상황에서 함께 감의 한 방법입니다. 도움이 됩니다만, 평가가 없습니다. 모두는 서로 함께 오직 거기 있습니다. – 사랑으로 거기 있습니다.

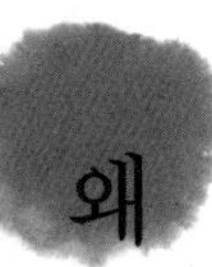

예상하지 않은 고통, 예를 들면 생명을 위태롭게도 할 수 있는 어떤 것(질병)이 우리를 덮치면, 우리는 "왜? 나에게" 하고 질문하면서, 질병에 선행하거나, 질병을 유발할 수 있는 상관관계를 찾습니다. 이렇게 찾음으로, 이렇게 우리를 만나는 모든 것이 다른 많은 것과 연결돼 있다는 것을 우리는 상상하고 인정합니다. 어떤 것도 홀로 우리에게 오지 않습니다.

그렇기에 그런 일을 당하면 묻습니다. 내가 무엇을 잘못했지? 잘못을 찾아 그 고통이 그 잘못의 결과라고 여깁니다. 이렇게 죄와 연결시키고 나면, 가볍게 느낍니다. 죄를 속죄한다는 생각이 고통을 쉽게 견디게 합니다. 고통을 통해 죗값을 치룰 수 있다고 상상합니다. 그리고 죄를 씻길 바랍니다.

그러나 죄는 씻기지 않습니다. 우리에게 고통을 유발하는 죄와 죗값을 치름으로 그 죄를 씻을 수 있다는 상상으로, 우리가 주인이고, 죄와 속죄는 우리 노예가 된다는 태도를 갖기 때문입니다. 강하게 느끼기 위해, 내면에서 우리도 모르게 우리는 죄와 속죄를 원합니다. 당연히 사랑은 없습니다.

우리는 다르게 질문할 수도 있겠습니다. 이 고통이 나를 어디로 이끕니까? 나는 무엇을 떠나야 하며, 무엇이 이제 내 앞에 서 있습니까? 언제나 다르고 더 큰 사랑이 서 있습니다.

이 사랑에서 우리는 죄 뿐만 아니라 속죄도 놓습니다. 좁아지지 않고 넓게 됩니다. 그렇기에 뒤를 돌아보게 하는 "왜?"라는 질문을 앞을 바라보게 할 수 있습니다. 그럼 우리는 "왜?" 하지 않고, "어디로?" 합니다. 그럼 벌써 우리는 다른 길에, 사랑의 길에 있습니다.

그러나 우리는 '어디로'를 모릅니다. 우리는 밖에서 올 수밖에 없는, 우리의 생명과 함께 생명에 속하는 모든 것을 ― 우리의 죄까지도 ― 마음대로 하는, 하나의 힘의 표지에 의존돼 있습니다. 그렇기에 여기에서 우리는 '어디로?'라고 질문할 수밖에 없습니다. 우리는 이미 벌써 죄와 속죄를 떠나 사랑을 향해 움직입니다. 이제까지 우리 마음에 자리를 차지하지 못한 많은 사람들이 우리 마음에 다시 자리를 차지하게 하는 사랑을 향해 움직입니다. 우리와 그들은 서로에게 이끌립니다. 무엇을 위해? 우리가 같게 되게, 어떤 죄나 속죄도 없이, 뒤를 돌아보지 않고, 함께 거기 ― 사랑으로 신 앞에 거기 같게 되게.

정화

정화란, 어떤 것으로부터 자유롭게란 말입니다. 어떤 것으로부터입니까? 더 적게 되는 것으로부터 입니다. 더 적은 가치가 있는 것으로부터, 덜 중요한 것으로부터, 어떤 목표로 덜 이끄는 것으로부터 입니다. 무엇보다 어떤 것을 없애려고 합니다.

그런데 어떤 것이 더해지면, 많은 것은 더 좋게 됩니다. 예를 들면 영적인 정신이 몸에 들어와 몸을 어떤 의미에서 영화시키면 더 좋게 됩니다. 그럼 몸이 더 적게 됩니까? 아니면 더 많게 됩니까? 몸이 순수를 잃습니까? 혹 순수로부터 더 얻습니까? 그리하여 몸이 덜 자유롭게 됩니까? 혹은 더 자유롭게 됩니까?

여기에서 두 움직임이 서로 대항하고 있습니다. 우리 몸이 영적인 정신으로부터 순수하게 되려 하면 무엇이 생깁니까? 곧 우리가 주로 우리 몸에서만 우리를 느껴, 그 움직임들을 따라, 영적인 정신들을 장애나 우리를 방해하는 것으로 여긴다면 무엇이 생깁니까?

전적으로 몸의 욕구에만 머물러, 우리와 다른 사람들을 이끄는, 길을 가리키는 통찰을 그냥 지나치면, 무엇이 생깁니까? 이런 정화와 자유는 더 많게가 아니라 더 적게로 이끕니다.

반대로, 우리가 영적인 정신의 움직임에 방해되는 것으로 몸을 여겨, 몸을 어떻게든 없애려고 해도, 같은 게 생깁니다. 금식이나, 다른 형태의 포기를 통해 몸을 죽이려고 하면, 그렇습니다. 몸을 죽이려 하다니요. 이게 무슨 말입니까?

이 정화도 더 많게가 아니라 더 적게로 이끕니다. 둘에게 그렇습니다. 몸뿐만 아니라 영적인 정신에게도 더 적게로 이끕니다.

우리가 한 편에서 더 많이를 원하면, 어떤 것이 다른 편에서는 없습니다. 여기에서의 순수는 그렇기에 손실입니다.

우리에게 정말 순수란 '모든 것을 동시에'입니다. 서로 조율(調律)합니다. 사랑으로 조율합니다. 여기에서 순수란, 모두와 모든 것에게 동시에 사랑입니다. 그렇기에 순수란, 가득한 삶이고 가득한 사랑입니다. 이 순수는 충만입니다.

인내

인내는 기다립니다. 시간을 줍니다. 어떤 것이 제시간에 되기를 기다립니다. 인내는 더 큰 힘들을 신뢰하기 때문입니다.

이 인내는 호의로 향하고 있습니다. 그렇기에 어떤 것도 요구하지 않습니다. 무엇 때문에 요구합니까? 어떤 것이 제시간에 좋게 저절로 된다는 것을 인내는 압니다.

그렇기에 인내는 염려가 없습니다. 빠르게 할 필요가 없습니다. 인내에겐 모든 것이 빠릅니다. 제시간에 맞게.

이 인내는 기분 좋게 합니다. 누구도 강요를 느끼지 않습니다. 인내는 우리 힘들이 성장하게 합니다. 우리가, 행동하도록 성장하게 합니다. 힘으로 행동하도록 성장하게 합니다.

여기에서 인내가 얼마나 힘이 있는가 나타납니다. 인내는 정신 집중된 힘입니다. 시간이 있기에 집중돼 있습니다.

어디에서 인내가 이 힘을 갖습니까? 제시간이 되면 결정적인 것을 진행시키는, 더 큰 힘을 신뢰함에서 갖습니다.

무엇보다 이 인내는 사랑에서 힘을 얻습니다. 있는 것과 있을 모든 것을 있는 대로 그리고 있을 대로 사랑하는 사랑에서 힘을 얻습니다. 인내는 사랑에서 견뎌, 사랑을 얻습니다.

이 인내는 확신에 차 있습니다. 목표에 도달할 거라는 것을 알기 때문입니다. 인내는 결국 마지막 헌신이기에 그렇습니다. 이 헌신에서 인내는 이미 기다리는 데에 와 있습니다.

영적인 정신은 이 인내입니다. 어느 것도 영적인 정신을 벗어나지 않기 때문입니다. 우리도 영적인 정신과 공명에서 이 인내를 갖습니다.

도덕

도덕은 선포됩니다. 도덕을 지켜 보호하여야 한다고 생각하여, 다른 사람들에게 지시하는 사람에 의해 선포됩니다.

그런데 결국 도덕은 무엇입니까? 도덕은 귀속되려는 우리의 노력입니다. 우리 생존에 중요한 어떤 그룹의 질서나 가치체계에 순응하려는 노력입니다. 이 그룹에의 귀속감이 없으면, 우린 없습니다.

도덕은 우리가 그 귀속감을 잃게 된다는 공포에 의해 유지됩니다. 그렇기에 도덕적인 호소는 큰 힘을 갖지 못합니다. 우리 귀속감에 영향을 미치지 않는다면 큰 힘을 갖지 못합니다. 도덕은 우리가 귀속해야 하고 귀속하려는 그룹에서 옵니다.

모두는 하나의 도덕을 갖습니다. 모두 다른 하나의 도덕을 갖습니다. 태어나면서 그룹에 속하기에 그 그룹의 도덕을 갖습니다. 살기 위해 순응해야 하는 그룹의 도덕을 갖습니다. 도덕은 우리 귀속에 중요한 것 — 여기에서 그러나 모든 것 — 을 원합니다.

이 도덕은 누구도 가르칠 필요가 없습니다. 스스로 아주 강합니다. 도덕을 우리에게 강요하는 동시에 끝까지 관철하는 하나의 그룹 내에서만 물론 강합니다.

그렇기에 일반적인 도덕은 없습니다. 도덕은 하나의 그룹과 그 그룹 구성원에게 봉사하는 그룹 도덕입니다. 그룹을 함께 하게 하여 그룹 구성원에게 귀속감을 통해 생존을 보장하는 게 도덕입니다.

이 도덕에 삶과 죽음이 걸려 있습니다. 삶과 죽음이 걸려 있지 않으면, 헛소리이기에 아무런 힘이 없습니다.

이 도덕은 동시에 사람에게 적대적이기도 합니다. 그룹 사이에 갈등을 조장합니다. 무엇보다 한 그룹이 다른 그룹에게 자신의 도덕을 지시하여 강요하려 하면 그렇습니다. 그렇기에 많은 전쟁은 도덕적인 전쟁입니다. 자신의 도덕을 관철하려는 전쟁입니다. 그렇기에 사람들을 분열시키는 게 도덕입니다.

도덕이 인간을 구원할 수 있다는 널리 퍼진 생각에 질문이 따릅니다. 어떤 도덕? 당연히 자신의 도덕입니다. 도덕이 자신의 그룹을 넘어 그 기능을 다른 그룹에게 강요한다면, 그 도덕은 민족 간에 전쟁을 유발하는 독으로 나타납니다. 다른 그룹에게 자신의 도덕을 지키게 하여 다른 그룹을 지배하려고 시도하는 전쟁으로 나타납니다.

이 도덕은 무엇보다 평화와 대립됩니다. 각 그룹이 자신의 도덕의 어떤 것을 다른 그룹에게 희생하면서 바치면, 평화가 가능합니다.

어떻게 우리가 이 도덕에서 벗어납니까? 다른 사랑에 의해 벗어납니다.

…체하는

우리는 가끔 …체합니다. 악의가 있어서가 아니라, 상황이 그렇게 하길 요구하기 때문입니다.

일정한 도덕적인 태도에서 우리는 …체하는 것을 알아챕니다. 그런데 왜 …체해야 합니까? 정말 자신을 드러내면, 다른 사람들이 공동체에서 제외시키기 때문입니다. 그렇기에 자신을 지키기 위해 그들의 도덕에 자신을 맞추는 체합니다.

위선은 생존이 걸린 권력투쟁의 일부입니다. 제대로 …체하지 못하여, 다른 사람들이 그걸 알아채면 그는 위태롭게 됩니다.

여기에서 도덕이 얼마나 가혹할 수 있는가를 입증합니다. 그래서 가끔 위선만이 우리를 지킵니다. 그렇기에 다른 그룹의 도덕에 대비시켜 우리는 우리 도덕을 지키는 체합니다. 생존하기 위해 우리가 귀속된 우리 자신의 그룹 내에서는 …체할 필요가 없습니다.

여기에서 우리는 안전합니다.

우리의 위선을 책망하는 사람들의 생존이 우리 그룹에 달렸다면, 그럼에도 자신들의 그룹에 내면에서 연결되기를 원한다면, 우리로부터 오는 위험을 벗어나기 위해 그들은 우리뿐 아니라 자신들의 도덕에 …체해야 합니다.

위선은 거의 자신의 그룹을 향하는 성실이며 다른 그룹이 다른 도덕을 갖고 위협하며 개입하는 것을 막기 위한 시도입니다.

도덕이 없으면, 위선도 필요 없습니다. 우리가 다른 그룹과 그 그룹 도덕을 우리와 대등하며 같게 존중함으로써 우리 도덕의 경계를 넘으면, 위선도 끝납니다. 모두는 존재하는 대로 존재할 수 있습니다. 자신의 그룹에 존재하는 대로 그리고 존재해야 하는 대로 모두는 존재할 수 있습니다.

어떻게 우리는 이 도덕과 그리고 도덕과 함께 위선을 넘습니까? 영적인 정신의 사랑을 통해 넘습니다.

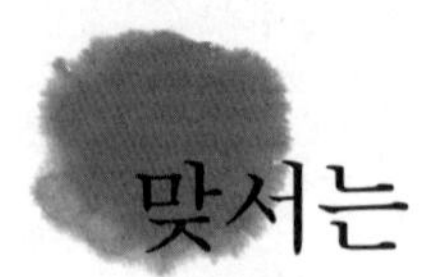

맞서는

맞서는 것이 우리 앞에 있습니까? 혹 우리 곁에나 뒤에 있지는 않습니까? 일반적으로 우리 앞에서 앞으로 나아가지 못하게 우리를 방해하는 어떤 것으로 우리는 맞섬을 상상합니다. 그리하여 우리는 우리와 맞서는 것의 효과를 더 큰 관계에서 보지 못합니다.

우리에게 맞서는 것의 효과를 우리 안에서 지각하면, 우리가 옳은 길에 있는가를 우리는 검사하게 됩니다. 그럼 우리에게 맞서는 것은 우리에게 봉사하고 있습니다. 이 순간에는 불편하지만, 우리가 계속 가려면 도움이 됩니다.

우리에게 맞서는 것은 우리의 힘들을 모으도록 우리에게 강요합니다. 모여진 힘으로 우리에게 맞서는 것을 우리가 상대할 수 있는가 압니다. 우리와 겨뤄 맞서는 것이 우리를 피하는가, 우리와 함께 가는가, 또는 우리가 굴복해야 하는가를 우리는 경험합니다.

우리가 겨뤄 맞선 후, 맞선 것이 우리를 존경하면, 맞선 것은 우리와 함께 가지는 않지만, 우리 뒤에 서 있습니다. 우리 뒤에 있음으로 우리를 지지합니다. 같은 방법으로 우리도 그 뒤에 존경으로서 있습니다. 이 모든 것은 인간적인 차원에서 발생합니다.

그러나 영적인 정신의 차원에서는 어떠합니까? 여기에 맞서는 것이 있습니까? 거기에 맞서는 것이 있을 수 있습니까? 우리를 안고 가는 영적인 힘들에게 모든 것이 의존돼 있는 곳에선, 모든 것은 서로 함께 있을 수밖에 없습니다. 이 힘들의 움직임들에 우리가 맞설 수 없을 뿐 아니라, 우리는 우리처럼 그 힘들에 의해 움직여지는 다른 사람들에게도 맞설 수 없습니다. 또한 다른 사람들도 우리에게 맞설 수 없습니다. 그러나 이 힘들에게 봉사하는 경우에는 우리를 위해 우리와 함께는 맞설 수도 있겠습니다.

어떻게 우리가 이 힘들과 공명에 머뭅니까? 우리가 겪는 모든 갈등에서, 우리는 모든 면에서 작용하는 창조적임 힘들을 알아챕니다. 그렇기에 이 힘들과 공명에서, 반대하며 맞서거나 또는 찬성하며 함께 하든지, 공동으로 우리는 모두에게 똑같이 봉사하는 어떤 것을 앞으로 가게 합니다.

이것과는 전혀 다른 맞섬도 있습니다. 우리의 의지나 행동을 벗어나 있는 맞섬입니다. 그것은 우리 일상을 넘어 다른 차원에서 작용합니다. 이 차원에서는 여기에서 우리를 사로잡고 있는 것은 모든 면에서 잠정적이며 빔으로 나타납니다. 우리 일상에서는 무엇보다 우리 자아와 우리 자아와 관련된 모든 것은 우리를 사로잡습니다. 예를 들면 우리의 죄책감들과 무죄감들 그리고 더 좋음과 더 나쁨입니다.

이 다른 차원에서는 여기에서 우리를 구별하는 어떤 것도 소용없습니다. 반대하거나 찬성하는 어떤 느낌도 그리고 중요하다거나 덜 중요하다는 것도 어떤 의미를 갖지 않습니다. 여기에서는 우리의 근원에서 와, 우리를 그 근원으로 데려가는 움직임만이 있습니다. 그 사이에 발생한 모든 것으로부터 비워지는 움직임만이 있습니다. 모든 것은 이 움직임에 영속하면서 녹습니다. 여기에서는 모든 것이 오직 위하여 그리고 거기 있습니다. 모든 것과 거기, 완성돼 거기.

8장

신이여! 당신은 땅이 울부짖으며 진동하는 새로움을 듣습니까?

| 마리아 릴케의 오르페우스를 향한 여덟 번째 소에트에서 |

힘

힘은 어떤 것을 움직이게 하는 에너지입니다. 질문은 이 에너지가 어디에서 오느냐입니다.

우리는 우리 몸에서 몸의 에너지를 체험합니다. 또한 우리는 마음과 영적인 에너지도 경험합니다. 이 에너지들은 서로 연결돼 있지만, 또한 구별됩니다.

예를 들면 우리 몸 안에서는, 우리가 지각하지는 못하지만, 쉬지 않고 에너지 과정이 일어나고 있습니다. 이 과정은 공기와 물 그리고 영양을 끊임없이 필요로 합니다. 병이나 사고로 그 과정이 중단되면, 특별한 조치가 취해져야 그 과정은 계속됩니다.

이 에너지가 무엇인지 우리는 모릅니다. 우리는 단지 그 작용만 관찰하며 체험합니다. 동시에 우리는 그 과정이 잘 되게 하기도 하며 방해하기도 합니다. 이 에너지 본질과 그 기원을 파악하지 못하면서도 우리는 이 에너지에 영향을 미칠 수 있습니다. 그 힘은 우리에게 신비스럽게 감춰져 있습니다. 마음은 자신만의 다른 에너지를 갖습니다. 우리 느낌들을 통해 마음은 작용하며, 느낌들로 우리 몸과 우리 생각에 영향을 미칩니다.

이 느낌들은 스스로는 움직임이 아닙니다. 느낌들은 어떤 것을 움직임에 오게 합니다. 움직임에 에너지를 공급합니다.

이 느낌들의 에너지는 어디에서 옵니까? 어디에서 공급받습니까? 우리 내면과 밖의 상들에게서 힘을 받습니다. 우리가 갖거나 만든 상들에 의해 우리는 다른 느낌들과 다른 힘을 얻습니다. 그럼 우리는 다른 움직임으로 갑니다.

이 느낌의 에너지가 어디에 있습니까? 마음에 있습니까? 혹 밖으로부터 상을 통해 마음에 영향을 미칩니까? 생각을 통해서도 영향을 미칩니까? 생각도 우리 안에서 상을 일으킵니다. 바람직하다든지 또는 가능하다든지 하는 상을 일으킵니다. 생각들과 상은 먼저 마음과 느낌에 어떤 것을 움직이게 하여 우리 몸의 어떤 것을 움직입니다. 우리 몸은 이 움직임과 움직임을 가능하게 하는 에너지의 실행기관입니다. 그렇기에 우리는 당연하게도 생각과 우리 상상들 그리고 상들의 힘에 대해 말합니다.

영적인 정신도 자신의 에너지를 갖습니까? 우리 생각은 어디에서 자신의 에너지 공급을 받습니까? 혹 우리 생각은 언제나 움직임에 있습니까? 우리 몸이나 마음이 어떠하든지 관계없이 언제나 움직임에 있습니까? 우리 생각은 우리가 잘 때도 깨어 움직이기 때문입니다.

여기에서 우리는, 우리 생각의 움직임은 우리에게서 올 수 없고, 그 힘과 에너지도 우리 생각 밖에서 공급받는다고 인정해야 합니다.

결국 그 힘은 어디에서 옵니까? 무엇이 힘을 움직이게 하며 힘을 창조적으로 만듭니까? 모든 힘은 전에 없던 어떤 것을 생기게 하기 때문입니다.

이 힘이 창조적이고 하나의 목표를 향해 가기에, 그 힘은 하나의 앎에 의해 안겨갑니다. 우리가 생각하며 느끼는 우리의 앎뿐만 아니라 힘의 근원이 되는 다른 앎에 의해서도 안겨갑니다.

힘과 에너지는 우리가 무엇을 하든, 또는 우리에게 무엇이 발생하든, 우리와 아주 긴밀하게 연결된 창조적인 생각에서 옵니다.

이 힘이 끝날 수 있습니까? 이 창조적인 생각이 끝날 수 있습니까? 우리가 끝낼 수 있습니까? 어떤 것이 우리를 돌볼 필요가 있습니까? 이 힘이 밖으로부터 지금 작용하여 우리가 움직여지는 것처럼, 그 힘은 계속 작용합니다. 어떻게? 창조적으로.

수수께끼

수수께끼들은 우리가 수수께끼를 풀기를 기다립니다. 우리가 풀기까지 우리를 가만히 두지 않습니다.

그렇기에 모든 특별한 일은 풀리지 않는 수수께끼들을 갖습니다. 그 수수께끼들이야말로 그 일을 위해 우리를 긴장하게 합니다.

세계와 우리 삶은 그야말로 수수께끼인 신비로 가득차 있습니다. 우리는 그 중 많은 것을 살면서 풀어갑니다. 우리 생명이 계속 가도록 그 신비들을 풀어가기에, 우리는 살아 있습니다.

생명의 많은 수수께끼는 우리의 관계들과 관계가 있습니다. 우리 관계들이 우리에게 가장 어려운 수수께끼입니다. 그 중 가장 어려운 수수께끼는 우리 자신입니다.

우리의 기원은 우리에게 수수께끼입니다. 우리는 정말 어디에서 옵니까? 우리 전에는 무엇이 있었고, 우리 후에는 무엇이 있을 겁니까? 우리는 이 수수께끼를 풀 수 없습니다. 파악할 수 없이 우리는 이 수수께끼에 우리를 세워야 합니다. 마술이 수수께끼 안에 있습니다. 이 신비한 것은 깊이를 갖습니다.

우리는 이 수수께끼를 견디지 못하여, 그에 대한 상들을 만듭니다. 상들은 우리를 두렵지 않게 합니다. 예를 들면 천당과 지옥에 대한 상입니다. 이 상으로 우리가 결정적인 어떤 것을 풀었다고 상상합니다. 자세히 보면 수수께기를 풀었다기보다 더 많은 수수께끼가 생기는데도, 우리는 상들에 매달립니다.

어떻게 우리가 수수께끼에 맞게 살 수 있습니까? 그 수수께끼를 그대로 두고 순응하며 견딥니다. 풀리지 않는 수수게끼는 본래의 미와 힘을 보존하여, 크고 신비에 머뭅니다. 우리의 호기심을 벗어난 수수께끼는 우리를 우리 한계에 둡니다.

우리는 시간소비로 작은 수수께끼를 풉니다. 예를 들면 단어퍼즐 등입니다. 풀리면 우리는 그것들을 버립니다.

가장 큰 수수께끼는 전 생애에 걸쳐 우리를 잡습니다. 아마 그 후에도?

생각

생각은 어디에 있습니까? 머리에 있다고 많은 사람들은 말합니다만, 우리 생각은 연관돼 있습니다. 생각에 영향을 미치는 것에 생각은 향하고 있습니다. 생각은, 어떤 것이 이끌게 하여 어떤 것에 자신을 맞춥니다. 어떤 것과 생각이 맞는가 또는 다르면 얼마나 다른가 검사하여, 어떤 것에 자신을 맞춰 그에 순응합니다. 이렇게 생각은 발전합니다.

관계가 없으면 생각도 없습니다. 망상가도 관련돼 있습니다. 가끔 그들의 생각도 얼마 지나면, 맞는 것으로 드러납니다. 이제까지 관찰될 뿐만 아니라 생각될 수도 없었던 것을 인식하여 전하는 생각으로 드러납니다.

우리 일상을 영위하기 위해 우리는 이 생각들을 필요로 합니다. 과학에서도 필요합니다.

이 생각들 이외에 직접적인 생각도 있습니다. 기다리는 생각입니다. 어떤 것이 드러나기를 기다리는 생각입니다. 응답하는 생각입니다. 이 생각은 드러나는 어떤 것에 맞는 행동으로 응답합니다.

이 생각은 순응하는 생각입니다. 이 생각은, 밖에서 오면서 생각을 덮치는 영의 움직임에 순응합니다. 예를 들면 영감입니다. 행동을 생기게 하며, 함께 하여 행동이 목표에 이르게 하는 영감입니다. 예술적인 영감이나, 관계에 있어서 새로운 행동을 가능하게 하는 통찰들이 예가 되겠습니다. 이 마지막 영감들은 우리에게 지혜가 됩니다.

이 생각도 관련돼 있습니다. 어떤 것을 생기게 하는 것에 맞춰 그에 의해 더 넓은 통찰들로 이끌립니다.

이 생각이 의존돼 있는 생각이기에 우리는 묻습니다. 어떤 영적인 힘이 이 생각 뒤에서 작용합니까? 다른 질문은, 우리가 어떻게 이 영적인 힘과 공명에 오느냐, 입니다. 그 힘과 의식된 공명에 오느냐, 입니다.

사랑입니다. 넓은 사랑입니다. 열린 사랑입니다. 존재하는 모든 것에, 존재하는 대로 동의하는 사랑입니다. 이 사랑을 통해 우리는 영적인 힘과 공명에 옵니다. 의식된 공명에 옵니다.

이 사랑을 통해 우리 생각은 행동과 관계할 수 있는 것과 공명에 옵니다. 그리하여 행동에서도 우리 생각은 이 영적인 힘에 이끌립니다. 영적으로 이끌립니다. 이 행동에서도 사랑은 영적인 힘에 의해 직접 영감을 받습니다.

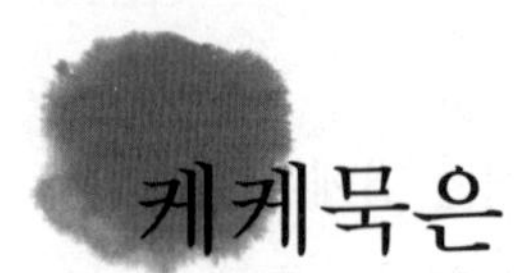

케케묵은

강한 어떤 것이 우리를 지나치기에, 우리가 멈춰야 하면 우리는 뒤에 남습니다. 무엇이 이렇게 남겨지든, 그것은 연결을 잃습니다. 그럼 남겨졌다고 우리는 말합니다. 덜 소용됐다고 말하기도 합니다.

많은 생각들도 케케묵어 낡아 빠집니다. 실제 드러나는 현실에 맞춰 검사하지 않고, 어떤 것이 좋고 나쁘다거나, 무엇이 도움이 되고 또는 해가 된다는 상상들입니다.

종교적인 상상들뿐 아니라 희망과 두려움들도 마찬가지입니다. 과학적인 생각들도 새로운 인식에 저항하면 마찬가지 처지가 됩니다.

많은 습관들도 낡습니다. 우리에게 해가 된다는 것을 알아도 우리는 그 습관을 따릅니다. 예를 들면 많은 식습관입니다.

어떤 것이 낡았다고 우리가 보면, 우리는 무엇을 해야 합니까? 옛

것을, 몸에 밴 것을 놓으면서 우리는 연결을 찾습니다. 우리를 넘는 새로운 것이, 자주 더 많은 것을 요구하면서도 더 많은 것을 준다는 것을 안다면, 우리에게 더 쉽습니다.

반대로 새로운 것은 우리에게서 많은 것을 빼앗아 갑니다. 새로운 것은 우리에게서 많은 것을 더 가볍게 하며, 또한 미래도 갖습니다.

우리가 죽으면, 우리 생명도 낡아빠진 것이 됩니까? 어떤 것 안에서 새롭게 계속되면서, 영적으로 계속 되면서 어떤 것에 의해 뒤에 남겨집니까?

이생에서 우리는 벌써 보이는 모든 것 뒤에 있는, 모든 생명을 생기게 하며 움직임에 있게 하는, 영적인 힘을 감지합니다. 이 영적인 힘은 우리에 의해 보이는 것과 같게 될 수 없습니다. 그 힘은 보이는 것 위와 전에 있기 때문입니다. 그 힘은 영적인 힘입니다. 우리가 경험하며 생각할 수 있는 어떤 것도 그 힘을 뒤로 할 수 없습니다. 그 힘과 공명에서 우리는 모든 것을 뒤로 합니다. 여기에 잠정적으로 있는 것뿐만 아니라 우리 생명도 우리는 우리 뒤로 합니다.

나는 기다립니다

우리가 무엇을 하든, 우리는 결과를 기다립니다. 우리가 무엇을 계획하며 원하든, 우리의 동경과 두려움이 무엇이든, 우리는 어떤 것이 발생하길 기다립니다. 우리의 기다림은 오고 있는 것을 향하고 있어, 오고 있는 것을 끌어오기도 합니다. 우리의 기다림은 어떤 것을 일어나게 하기 때문입니다.

그렇기에 우리가 어떻게 기다리냐에 의해 구별됩니다. 기쁘게 어떤 것을 기다립니까? 혹은 공포와 두려움으로 기다립니까? 죄를 지었기에 벌을 기다리는 것처럼 기다립니까?

우리는 다른 사람들과 함께 어떤 것을 기다리기도 합니다. 좋은 어떤 것이나 나쁜 어떤 것을 기다리기도 합니다. 자주 우리가 어떤 것을 다른 사람들에게 원하기에 기다리기도 합니다. 여기에서 우리의 원함이나 기다림은 어떤 것을 끌어옵니다. 다른 사람들에게 행복이나 불행을 끌어오기도 합니다.

우리의 기다림이 우리나 다른 사람들에게 어떤 것이 일어나게 하다니, 믿을 수가 없습니다!

질문은, 우리가 다른 사람들의 기다림으로부터 우리를 보호할 수 있습니까? 만약 다른 사람들이 우리에게 나쁜 것이 생기도록 원한다면 말입니다.

우리가 두려워한다면, 우리가 두려워하는 것을 우리는 기다리게 됩니다. 그렇다면 우리가 무엇보다 무엇에 우리를 보호해야 합니까? 우리 자신의 기대들이나, 우리나 다른 사람들에 대해 우리가 갖는 상들로부터 우리를 보호해야 합니다. 우리 내면의 상들이 우리가 기다리는 것을 결정하기 때문입니다.

이 상들을 바꿀 수 있습니까? 어떻게 바꿀 수 있습니까?

무엇보다 같은 사랑으로 모두에게 호의로 향하고 있는 더 큰 힘들에게 우리가 의존돼 있다는 상에 의하여 바꿀 수 있습니다.

그렇기에 우리가, 다른 사람들에게 적대하는 상들로 그들을 해칠 수 있습니까? 다른 사람들이 우리에게 적대하는 상들로 우리를 해칠 수 있습니까? 모두를 존재하는 대로 사랑과 호의로 향하는 그 힘들과 우리가 공명에 머물면, 그 상들이 우리에게 무엇을 일으킬 수 있습니까?

그럼에도 우리의 상들이, 그게 좋거나 나쁘거나 상관없이, 어떤 효과를 갖는다는 것을 우리는 경험합니다. 이 경험이 어떻게 우리 모두가 호의로 가득한 힘들에 의해 이끌리며 안겨 간다는 상과 일치합니까?

우리가 결국 어디로 이끌리냐가 결정적입니다. 우리가 선과 호의의 반대를 우리나 다른 사람들에게서 경험해야, 우리는 선과 호의를 배웁니다. 악과 악의는 결국 악과 악의를 넘도록 우리를 정화시킵니다.

그렇기에 좋은 것이나 나쁜 것을 기다리는 경험이나 우리나 다른 사람들에게 나타나는 이런 효과나 저런 효과의 경험은, 우리를 통찰로 이끕니다. 이 통찰에서 모든 것은 자신의 자리를 가져, 선과 악은 함께 작용하며, 우리를 선과 악의 한계를 넘게 이끕니다.

이게 우리에게 무슨 말입니까? 결국 우리는 이것이나 저것을 놓습니다. 둘 다 그렇게 결국 중요하지 않기 때문입니다.

선의 경험뿐 아니라 악의 경험도 자아의 경험입니다. 오직 우리 자아의 관계와 우리 자아에게 나타나는 이런 효과나 저런 효과에 의해서만 우리는 선과 악을 구별할 수 있기 때문입니다. 자아가 빠지면, 이것이나 저것도 없어져 끝납니다. 둘 다 일시적입니다.

결국 우리는 무엇을 기다립니까? 좋은 것과 나쁜 것을 너머 우리 상들 저편으로 이끌리기를 기다립니다. 그리하여 거기에서 모두가 같게 사랑으로 받아져 도달하기를 우리는 기다립니다. 이 기다림은 틀림없이 이뤄집니다.

이 기다림도 효과를 갖습니다. 지금 벌써 우리는 우리와 다른 사람들이 서로 독립돼 각자의 다른 기다림에서 이 마지막 앞에 같다는 것을 봅니다.

갈라진

나눠지는 것은 여러 방향으로 자신을 넓힙니다. 예를 들면 들에 홀로 자라는 나무는 여러 방향으로 가지를 칩니다. 이렇게 그 나무는 넓어져 자신에 맞는 크기와 충만을 갖습니다.

잘 나가는 기업도 여러 방향으로 영역을 넓힙니다. 그 기업도 자신에 맞는 크기와 충만으로 자신을 넓힙니다.

이 의미에서 우리는 번성한 가문, 광범위한 영향력 그리고 마당발이라고 말합니다. 또한 우리는 광범위한 효과라고 말하기도 합니다. 여기에서 같은 것은 여러 방법으로 여러 관계들에서 다르게 계속 작용하면서 커집니다.

어떤 것이 이렇게 자신을 넓히는 곳 어디에서나, 그것은 자신의 힘을 얻는 같은 뿌리를 갖습니다. 그 퍼짐은 같은 창조적인 근원의 연속이며 넓어짐입니다. 그렇기에 어떤 것이 자신의 기원과 연결돼 있는 동시에 공명에 있는 만큼 오래 그리고 넓게 퍼질 수 있습니다.

여기에서 우리는 또 다른 것을 관찰할 수 있습니다. 뿌리는 가지를 통해 자신을 새롭게 합니다. 뿌리는 열매와 소득을 자신의 끝에서만 얻기 때문입니다. 오직 거기에서만 어떤 것은 계속 갑니다. 그렇기에 뿌리는 자신의 가지들에서, 가지들은 자신의 뿌리에서 영양을 얻습니다. 그들은 주면서 갖습니다. 그렇기에 그들에게는 더 적어지거나 손해도 입지 않고, 적대나 경쟁도 없습니다.

왜 제가 이 모든 것을 말합니까? 어디에 우리가 영양을 얻는 우리의 본질적인 근원과 뿌리가 있습니까? 우리의 상상에서 무한하게 창조적으로 커지는 근원과 뿌리는 어디에 있습니까? 그 근원이 얼마나 커지든, 그 근원은 지칠 수 없습니다. 그 근원은 어디에서나 같게 있습니다. 어디로 얼마나 가지를 치든지 같게 있습니다.

근원이 모든 것에서 같게 작용하며 거기 있기에, 근원은 어디에서나 같게 작용합니다. 이것에서는 더 적게, 저것에서는 더 많게 작용하지 않습니다. 그렇기에 우리가 듣는 "근원에로의 회귀"의 상상이나 요구는 우리를 헷갈리게 합니다. 마치 뿌리가 그 가지에서가 아닌 다른 곳에서 더 충만한 것처럼 합니다. 여기에서 뿌리와 가지에 대한 우리의 상은 한계에 옵니다. 가지가 주지 않고 갖기만 한다고 상상하기 때문입니다.

가지로서의 우리는 어떻게 그 뿌리와 연결에 머뭅니까? 뿌리에서 오는 뿌리의 어떤 움직임에도 우리가 우리를 열 때입니다. 뿌리의 움직임이 우리를 어디로 데려가든지, 그 움직임에 우리를 열 때입니다. 오직 가지로 데려가고 뿌리로는 결코 데려가지 않아도 우리를 움직이게 할 때입니다. 그렇지 않습니까?

뿌리와 가지가 이 움직임에서 구별됩니까? 그 움직임과 그리고 모든 것에 있는 움직임과 우리가 함께 움직인다면, 우리는 그 움직임과 본질적으로 하나가 아닙니까?

같은 것

같은 것은 연결합니다. 같은 것에서는 더 좋은 것이나 더 나쁜 것이 없기 때문입니다. 같은 것은 연결하는 작용을 합니다. 거기에는 차이가 없기 때문입니다. 우월하다거나 열등하다는 것이 연결되지 않는다는 것은 분명합니다.

내가 어떻게 같게 됩니까? 내가 어떤 사람에게 반대하는 것을 그에게 말할 때입니다. 이 순간 무엇이 생깁니까? 내가 그 말을 하는 순간, 상대는 내가 그에게 반대한다고 말하는 것과 내 자신에 대해서도 말한다는 것을 인식합니다. 단번에 우리는 같은 차원에 있습니다. 서로 떨어지기보다, 우리는 함께 하나가 됩니다. 같은 것을 통해 우리는 하나입니다.

내가 상대를 아프게 했을 때, "나도 아픕니다"라고 말하면, 같은 게 일어납니다. 이 순간 나는 같은 아픔을 그처럼 느낍니다. 우리는 다시 같게 됩니다. 서로 떨어지기보다, 전보다 더 깊이 연결됨을 우리는 느낍니다.

누군가가 나를 아프게 하면, 어떠합니까? 내가 어떻게 그와 같게 됩니까? 나도 그를 아프게 하려고 할 때입니다. 나는 그에게 말할 수 있습니다. "네가 나를 아프게 한 것처럼, 나도 너를 아프게 하고 싶다." 이 순간 나도 그처럼 내면에서 가해자가 됩니다. 그가 나를 아프게 했음으로 내가 피해자였던 것처럼, 그도 나를 통해 피해자가 됩니다. 벌써 우리는 서로 다시 같습니다.

그가 나를 계속 아프게 할 겁니까? 내가 그를 아프게 할 겁니까? 우리가 다시 서로 같기에, 우리는 서로로부터 자유롭습니다. 함께 할 수 있게 자유롭습니다. 각자 자신의 길을 갈 수 있게도 자유롭습니다.

이 의미는 우리가 인간으로서 같다는 말입니다. 우리가 서로 모든 면에서 같다고 아는 한, 우리는 함께 평화롭게 있습니다. 모두는 우리처럼 같아도 됩니다. 우리도 모두처럼 같아도 됩니다.

우리가 그 힘들 앞에서도 같습니까? 오고 그리고 가는 그 힘들 앞에서도 우리가 같습니까? 바로 그 앞에서 우리는 서로 같습니다. 같게 아래에, 같게 사랑받고, 같게 이끌리며, 같게 함께 하나로, 겸손하게 하나로, 사랑으로 하나로 같습니다.

말해진

어떤 비밀이 드러나려는데, 우리가 그 효과를 두려워하고 있을 때, 말하여지면, "이제 드디어 말해졌다"라고 우리는 가끔 말합니다. 예를 들면 어머니나 아버지에게 감춰진 다른 자녀가 있을 때, 또는 한 아이가 누가 정말 자신의 아버지인가 알게 될 때입니다. 모두 안도의 숨을 쉽니다. 그리고 모두는 편안해 합니다. 무엇보다 다른 행동이 가능합니다. 다른 방향과 새롭고 더 큰 사랑이 가능합니다.

자주 어떤 것은 말해지지 않고 있는 게 더 좋습니다. 예를 들면 죄입니다. 잘못을 털어놓기보다 우리가 갖는 게 더 좋습니다. 우리는 다른 사람들보다 우리를 힘들게 합니다. 다른 사람에게 말하여, 우리가 기분 좋게 느끼려 하지 않습니다. 우리가 잘못을 털어놓는다면, 무엇이 생깁니까? 다른 사람에게 도움이 됩니까? 내가 덜 양심에 가책을 받기에, 나에게 도움이 됩니까? 그리하여 내게 다른 사랑의 행동이 가능하게 됩니까? 말함으로 내가 성장합니까? 내가 더 많게 됩니까? 혹은 더 적게 됩니까? 내가 나 자신으로 머뭅니까? 아님, 나를 작게 만듭니까?

어떤 것이 말해지지 않아야 가장 좋습니까? 내 의견을 말하지 않으면 가장 좋습니다. 내가 말한다면, 다른 사람을 더 좋게 합니까? 나를 더 좋게 합니까?

내 의견을 나를 위해 갖는다면, 움직임은 밖으로가 아니라 안으로 갑니다. 내가 왜 다른 사람에게 정말 의견을 말하려 합니까? 내가 내 의견을 가게 하면, 나는 기분 좋게 느낍니다. 내가 왜 기분 좋아합니까? 내게 속한 어떤 것을 다른 사람에게 넘기기 때문입니다. 이 의견은 내게, 오직 내게 속하기 때문입니다. 내 의견은 내 빛의 그림자입니다.

자주 우리는 다른 사람들에 대해 말합니다. 그들을 알지 못하면서도, 좋게나 또는 나쁘게 말합니다. 여기에서도 차라리 말해지지 않는 게 더 좋습니다. 내가 말함으로 나는 다른 사람에게 속한 어떤 것에 개입하기 때문입니다. 말해지지 않고 좋은 것이나 나쁜 것은 내게, 오직 내게 있습니다. 그리하여 다른 사람들은 나로부터, 나는 다른 사람으로부터 자유롭습니다.

어떤 사건이나 사람의 행동에 대한 많은 해석도 말하여지지 않고 있는 게 더 좋습니다. 우리가 그 사건이나 행동에 알맞게 해석했습니까? 그리하여 우리가 공정하게 됩니까?

무엇보다 우리 관계들에 봉사하는 것은 말해집니다. 우리에게 무엇이 필요한가 또는 우리가 무엇을 원하는가를 우리는 다른 사람들에게 말합니다. 우리의 다른 사람들과의 관계를 유지하며 더 깊게 하는 말을 우리는 합니다. 예를 들면 우리는 배우자에게 말합니다. 사랑한다고, 당신에게 기뻐한다고, 우리에게 선물한 것에 고맙다고. 같은 걸 배우자가 말하면, 그렇게 말해서 고맙다고 우리는 말합니다. 우리를 사랑하기에 고맙다고 말합니다.

우리나 다른 사람들이 신에 대해 말하면 어떠합니까? 우리가 말할 수 있습니까? 말해도 됩니까? 모든 것이 존재하는 대로 모든 것을 사랑하는 사랑의 움직임과 공명으로 우리가 말한다면, 그리고 우리인대로 우리를 사랑하는 사랑으로 말한다면, 말하여져도 좋습니다.

사랑에 봉사하는 모든 것은 좋게 말해집니다. 그리고 그것이 말해지는 것은 좋습니다.

움직임

스스로부터 움직일 수 있는 것은 제대로 움직입니다. 자신의 주위와 공명에서 움직이기 때문입니다.

동물은 자신에게 알맞게 언제나 제대로 움직입니다. 식물도 그 주위에서 가능한대로 그리하여 제대로 움직입니다.

죽음도 움직임입니다. 동물에게 죽음의 시간이 오면, 동물은 자신의 주위와 공명에서 움직입니다. 여기에서도 제대로 움직입니다. 다른 동물에게 영양분을 주면서 죽습니다. 죽음과 함께 다른 것에게 자리를 내주는 것은 옳은 움직임입니다. 옳기에 어떤 내면의 저항도 받지 않습니다.

같은 게 식물이나 사람에게도 당연히 적용됩니다. 옳은 움직임은 앞으로 그리하여 자신의 끝을 향해 갑니다. 끝도 시간이 맞으면 옳은 움직임이기 때문입니다.

공명에 있는 모든 움직임은 옳습니다. 자신의 것을 넘어 다른 움직임들과 공명에서 줄 뿐만 아니라 가지며, 시작할 뿐만 아니라 끝내기 때문입니다. 끝내면 다른 움직임들과 함께 다르게 계속 갑니다.

영적인 정신의 움직임들과는 어떻습니까? 우리 마음의 움직임과는 어떻습니까? 그들 모두 옳습니다. 시작하여 끝나며, 나중에 오는 어떤 것에 들어가 그 안에서 없어지는 동시에 계속 갑니다.

우리 마음은 자신의 한계를 넘는 동시에 마음을 안고 있는, 마음이 온 영적인 정신과 공명에서 움직입니다. 우리 마음은 가끔 이 움직임에 덮칩니다. 그런지 모르고 또는 정신 차려 헌신함으로 그 움직임들과 공명에서 덮칩니다.

이 움직임이 끝날 수 있습니까?

조금

조금은 원래 한 입을 의미합니다. 시험 삼아 먹어, 충만하게 먹는 걸 준비했습니다.

조금으로 우리는 어떤 것이 장래가 있는 가도 검사합니다. 얼마나 대가를 치러 어떻게 받아들여지는 가에 따라 검사합니다.

자주, 조금은 너무 적습니다. 사랑에서 그렇습니다. 사랑은 즉시 충만을 요구합니다. 일이나 성공에서도 조금은 너무 적습니다. 여기에서도 오직 전체, 완성된 것만 남습니다.

진리도 조금을 참지 못합니다. 지금 맞는 진리와, 그 진리에 온전한 동의만 진리에 맞는 행동으로 이끕니다. 영적인 정신의 사랑이, 우리의 정의감이나 평가를 넘어, 모두를 똑같이 함께 포함한다는 진리는 조금을 견디지 못합니다. 여기에서는 오직 모든 것만 통합니다.

가끔 조금이 필요할 때가 있습니다. 예를 들면 조금의 조심입니다. 조금의 용기는 안 됩니다. 용기는 언제나 전부를 필요로 합니다.

본래적인 것에서 조금은 안 됩니다. 예를 들면 조금 신의나, 조금 시간, 조금 즐김이나 조금 기쁨 등입니다.

모든 본질적인 것은 조금으로 되지 않습니다. 예를 들면 결정적인 통찰, 결정적인 위험 그리고 결정적인 행동 등입니다. 여기에서는 전부가 아니면 안 됩니다.

그럼에도 가끔 조금 더 있을 수 있으면 좋습니다. 좋은 어떤 것이 조금 연장될 수 있으면 좋습니다. 가끔 이미 지난 것처럼 보이는 생명이, 무엇보다 사랑이 조금 연장될 수 있으면 좋습니다. 조금으로 가끔 사랑은 새로워집니다. 예를 들면 아주 작은 신호로 그렇게 됩니다.

자주 우리는 조금으로도 만족해합니다. 더 많이가 기대되지 않으면 그렇습니다. 그럼 조금은 충만에 어떤 것을 더합니다.

우리에게 마지막으로 가능한 것은 우리에게 전부가 됩니다. 아직 우리에게 남아 있는 전부가 됩니다. 이 마지막 조금은 완성합니다.

9장

모두를 손에 갖는 하나가 있습니까?

| 마리아 릴케의 상에 대한 첫 번째 책에서 |

두려움

두려움은 하나의 상을 따릅니다. 무엇보다 미래에 대한 두려움입니다. 미래에 어떤 것이 발생할 거라는 두려움입니다. 예를 들면 누군가가 미래에 우리에게 해가 되는 어떤 것을 할 거라는 두려움입니다. 혹 우리 잘못에 대해 벌을 받을까 우리는 두려워합니다. 또는 자연재해에 두려움을 갖습니다. 특별한 전조가 없는데도 예견되면 그렇습니다.

또한 우리는 잃음을 두려워합니다. 무엇보다 우리 안전이 위협받거나 사랑하는 사람을 잃을까 하는 두려움입니다.

이 두려움이 미래에 자리하기에, 우리는 지금 우리를 그 두려움에 세울 수 없습니다. 오직 우리 상상에서만 두려움이 자리하고 있기 때문입니다. 그럼에도 우리는 연금 준비를 하면서 미래에 준비하기도 합니다. 또는 보험에 가입하여 여러 가지 두려움에 대비합니다. 그런데 모든 조치는 두려움을 쫓기보다 두려움을 더 갖게 합니다.

여기에서 더 생각할 것은, 성成이 적을 유인한다는 것입니다. 성이 없으면 적도 나타나지 않습니다.

두려움은 두려워하기만 하는 게 아니라 예언이 이뤄지길 기다립니다. 드디어 이뤄지면, 우리는 가끔 안도의 숨을 쉽니다. 마침내 우리는 어떤 것을 할 수 있어 어떤 것을 해야 합니다. 기이하게도 그럼 두려움은 없어집니다. 두려움이 미래를 잃었기 때문입니다.

우리의 두려움을 벗어나게 하는 것은 확신입니다. 삶이 우리에게 잘될 거라는 확신입니다. 우리가 다른 사람들에게 좋게 대하면, 그들도 우리에게 좋게 대할 거라는 확신입니다.

확신도 두려움과 비슷하게 하나의 상입니다. 두려움의 상이 작용하는 것처럼, 확신의 상도 작용합니다. 다르게 작용합니다. 그렇기에 우리는 선택하며 마음 준비를 할 수 있습니다. 두려워하는 상 혹은 확신하는 상, 의심하는 상 혹은 희망에 찬 상을 선택할 수 있습니다.

우리가 무엇보다 무엇을 두려워해야 합니까? 두려움의 상들을 우리는 두려워해야 합니다. 무엇이 두려움의 상들을 극복합니까? 확신과 사랑의 상들입니다. 우리는 다음의 말을 합니다. "나는 당신과 같습니다. 당신도 나와 같습니다. 나는 당신을 나처럼 사랑합니다. 당신의 사랑은 나에게 확실하게 있습니다. 환영합니다."

우리가 원하면, 우리는 이 상을 의심할 수도 있습니다. 그것도 하나의 상입니다. 그리고 그 상은 작용합니다. 확신과 사랑이 이뤄지지 않게 작용합니다.

어떻게 우리가 의심의 상을 극복합니까? 확신과 사랑으로만 우리는 극복합니다.

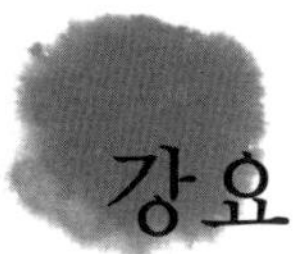

강요

강요는 밖으로부터 옵니다. 강요 상태에서 나는 저 깊은 내면에서 하기 싫은 것을 생각합니다. 그렇게 하는 것과 나는 공명에 있을 수 없습니다. 그렇기에 강요 상태에서 나는 제대로 생각할 수 없습니다. 거절이나 벌이 두려워 나는 내게서 오지 않는 다른 사람들의 생각에 나를 맞춥니다. 속으로 다른 것을 생각하지만, 표현하지 않습니다.

같은 것이 강요에 의한 행동에도 적용됩니다. 강요에 의해 나는 하기 싫은 것을 억지로 합니다. 강요에 의해 해야만 하는 것을 나는 가끔 헛수고가 되게 합니다. 그리하여 잘 되게 하지 않습니다.

자주 강요는 밖에서보다 내면에서 옵니다. 무엇이 내게 가장 강하게 강요합니까? 내가 속한 그룹에의 귀속감을 잃을 거라는 두려움입니다. 그렇기에 나는 그룹 귀속감을 확실하게 하기 위해 강요하에서 모든 것을 합니다.

이 두려움은 내면화돼 있습니다. 강요도 마찬가지입니다. 자주 그 두려움이나 강요는 지금의 현실과 거의 관계가 없습니다. 그 두려움이나 강요는 내면의 상에서 와, 상에 의해 보존되며 계속됩니다. 그렇기에 겁쟁이는 무엇보다 자신이 만든 상을 두려워합니다. 이 상들이 자주 기억이라고 말합니다만, 기억은 없습니다. 기억에 대한 상들만 있습니다.

어떻게 우리가 두려움들과 두려움에서 온 강요들로부터 벗어납니까? 우리는 모든 면에서 우리 자신께 돌아와 이 순간 우리에게 나타나는 것에 머뭅니다. 지금 이 순간 어떤 것이 우리를 두렵게 하거나, 강요하자마자, 우리는 우리가 밖에서 지각하는 것과 이 상들을 비교합니다. 우선 우리 내면의 상들을 보고나서, 이 순간 우리와 상대하는 사람들을 보면 아주 쉽게 됩니다. 그런 다음 우리는 그 사람들에 대한 다른 상들을, 호의의 상들을, 우리에게 허락합니다. 그리고 우리와 그들에게서 무엇이 변하는가 관찰합니다. 이 순간 우리는 우리에게 머뭅니다. 곧, 우리는 다른 사람들에게 우리에 대해 상을 만들 기회를 주지 않습니다. 그들에 대한 우리 상들을 정당화시키는 상을 만들 기회를 주지 않습니다. 우리는 전적으로 지금 이 순간에 관계되는 일에 머뭅니다. 그리하여 그들도 그 일과 자신께 머물게 강요받습니다.

공동의 일과 그 일과 관계된, 필요불가피한 것을 넘는 기대들을 포기하면, 두려움과 강요들로부터 우리는 자유롭습니다. 우리의 이 자유는 다른 사람들도 우리 공동의 일에 머물도록 강요합니다. 그리하여 우리 공동의 일에 도움이 되기보다 해가 되는 요구들이나 기대들을 그들이 하지 않게 합니다.

단번에 우리는 서로 함께 자유롭습니다. 우리는 그들로부터, 그들은 우리로부터 두려움이나 강요 없이 자유롭습니다. 우리가 정말 생각할 것을 우리는 자유롭게 생각합니다. 우리가 그 생각을 우리를 위해 갖기 때문입니다. 그들이 무엇을 생각하는지 우리는 알려고 하지 않습니다. 그리하여 우리는 우리에게, 그들은 그들께 머물 수 있습니다. 우리는 그들에게, 그들은 우리에게 두려움을 가질 필요가 없습니다. 그리하여 우리나 그들은 상대에게 어떤 강요도 하지 않습니다.

그렇다면, 어떻게 우리가 두려움과 강요를 가장 쉽게 넘을 수 있습니까? 분명한 생각들과 사랑의 생각들을 통해서 입니다. 사랑의 생각들은 언제나 분명한 생각들이기 때문입니다. 동시에 우리는 놓습니다. 그들 자신의 것에 개입하지 않고 존중하면서, 우리는 그들을 놓습니다. 동시에 우리는 우리 자신의 것에 주의를 돌립니다. 우리는 우리 자신의 것을 다른 사람들의 기대나 요구들로부터 가져옵니다. 그리하여 그들로부터 자유롭게 됩니다. — 두려움 없이 자유롭게 됩니다.

베개

마음이 편하면, 잠자리가 편하다고 우리는 말합니다. 그렇지 못하면, 우리는 양심에 거리껴 잠을 편하게 자지 못합니다.

우리가 누군가에게 빚이 있으면, 양심에 거리껴 합니다. 예를 들면 누군가가 우리에게 좋은 것을 선물했거나 도운 경우, 우리가 그에 고마워하며 아름답고 좋은 것을 주지 못하면, 우리는 그를 생각하며 빚을 느낍니다.

우리가 어떤 일에 다른 사람에게 책임이 있다고 하면, 마찬가지로 우리는 양심에 거리껴 하며 잠을 잘 자지 못합니다. 그럼, 우리는 그들도 양심에 거리껴 하며 잠을 잘 자지 못하길 원합니다.

잠을 잘 자게 하는 것은 무엇보다 사랑입니다, 모두에게 잘 되라고 원하는 사랑입니다. 우리와 다른 사람들이 잘 되라고 원하는 사랑입니다. 이 사랑에서 우리는 연결돼 있음뿐 아니라 보호받고 있음을 느낍니다. 우리 잠을 빼앗는 악의에 반대되는 사랑입니다.

이 사랑은 영적인 정신의 평온과 연결됩니다. 우리가 창조적인 영적인 정신의 사랑과 공명에 있으면, 두려움은 끝납니다. 우리나 다른 사람들의 죄나 책임에 대한 두려움은 끝납니다. 그 사랑은 죄나 책임을 무력하게 합니다. 그 사랑은 우리의 죄나 책임에서 힘을 빼앗아 죄나 책임을 가게 합니다. 전혀 죄나 책임이 없는 것처럼 하면서 죄와 책임을 가게 합니다.

두려움 없이 우리는 모든 사람에게 열려 모두를 만납니다. 우리가 그를 전혀 두려워하지 않기에, 그도 우리를 두려워하지 않습니다. 거절될 거라는 두려움이나, 우리가 자신을 판단할 거라는 두려움에서 그는 벗어납니다. 우리 앞에서 자신이 이렇게 자신에게 확실하게 있다는 걸 알기에, 그는 우리 앞에서 열려 있습니다. 우리가 그에게 너무 가까이 다가갈 거라는 두려움 없이 우리의 사랑과 존경을 위해 그는 열려 있습니다. 그리하여 우리나 그는 서로 상대 앞에서 평온하고 자유롭습니다.

우리 둘은 평온하게 잠을 잡니다. 다른 데에 확실하게 보호받아, 사랑으로 보호받아 잠을 잡니다.

중심이 실린 발

중심이 실린 발은 우리 발 중에 하나입니다. 중심이 실린 발이 제대로 서 있어야, 다른 발은 움직일 수 있습니다. 중심이 실린 발이 없으면, 움직임도 없습니다. 두 발 사이에는 순서에 맞는 질서가 있습니다. 우선 서 있어야, 걸음이 옵니다.

움직이기 시작하기 전, 우리가 어디에 서 있는가와 그 선 자리를 존중하는가를 아는 게 우리에게 아주 중요합니다. 그럼, 우리 중심이 실린 발은 함께 움직입니다. 움직이면서 다시 중심을 잡고, 다시 그 중심에서 다음 걸음을 내딛습니다. 중심이 실린 발은 땅에 서 있어, 우리를 땅과 연결합니다. 쉬지 않고 땅과 연결하며, 땅과 우리의 연결을 지탱합니다. 그렇기에 중심이 실린 발은 언제나 다시 우리를 땅으로 데려옵니다. 우리가 공중에 떠 있으면, 우리를 땅으로 데려옵니다.

중심이 실린 발을 우리는 믿고 의지할 수 있습니다. 예를 들면 우리 식구입니다. 가장 먼저 우리 부모입니다.

우리가 배운 모든 것이 우리 중심이 실린 발에 속합니다. 새로운 일을 위해 우리가 알 수 있는 모든 것이 발 중심에 속합니다. 우리 선생님들에게 고마워하는 모든 것이 중심에 속합니다. 우리를 가르쳐 주신 모두가 중심에 속합니다. 우리를 강요했던 모든 것도 중심에 속합니다. 우리를 돕거나 성장하게 한 모두도 중심에 속합니다.

우리 경험도 우리 중심에 속합니다. 무엇보다 사랑의 경험이 우리 중심에 속합니다. 우리에게 선물로 주어진 사랑뿐 아니라 우리가 준 사랑도 중심에 속합니다.

우리 능력도 중심에 속합니다. 우리 개인적인 능력과 성공도 우리 중심에 속합니다.

우리의 영적인 경험들도 중심에 속합니다. 그 경험들에서 얻은 확신도 중심에 속합니다. 우리가 영적인 정신의 이끎을 믿고 따를 수 있기 때문입니다. 영적인 정신은 우리 희망과 소원을 훨씬 넘어 우리를 안고 이끌었습니다. 시간이 흐를수록 영적인 정신의 움직임들과의 경험들이 우리의 가장 확실한 중심이 되었습니다. 우리가 그 움직임들과 고마움으로 연결돼 있으면, 우리는 굳건하게 섭니다. 그 움직임들에 의해 선물 받고, 요구되어지며, 키워져, 우리는 굳건하게 서 앞으로 나아갑니다. 그리하여 우리에게 가능하고 중요한 목적들을 성공적으로 이룰 수 있습니다. 영적인 정신의 움직임들과 함께 이룰 수 있습니다. 가장 확실하게 우리는 많은 움직임들과 함께 서서 움직일 수 있기 때문입니다. 그 움직임들과 사랑으로 함께 서서 움직일 수 있기 때문입니다.

단념

무슨 생각을 하지 않는 게 우리에게 가장 어렵습니까? 우리가 잘못했는가, 또는 잘못하지 않았는가를 생각하지 않는 게 가장 어렵습니다.

어떤 점이 우리에게 그렇게 어렵습니까? '잘못과 잘못하지 않는다'에서 우리는 가장 강하게 우리 자아를 경험하기 때문입니다. 죄나 무죄에서 우리가 다른 사람들과 가장 분명하게 다르다는 것을 우리는 압니다. 죄나 무죄에서 또한 우리가 가장 결정적으로 영적인 힘들과 절연돼 있다는 것을 우리는 압니다. 움직이는 모든 것 뒤에서 영적인 힘들이 작용한다고 인정해야만 하기에, 우리의 죄나 무죄는 영적인 힘들과 관계없다고 할 수 없습니다.

죄나 무죄에서 우리는, 우리나 다른 사람들 중 누가 살아도 되고, 누구는 죽어야만 한다고 결정합니다. 죄와 무죄에 대한 우리의 상으로 우리는 우리나 다른 사람들의 삶과 죽음을 결정합니다.

그럴 때 우리가 생명을 위한다거나 또는 생명에 적대한다거나 하는 것은 중요하지 않습니다. 그리고 죽음에 반대한다거나 또는 찬성한다고 하는 것도 중요하지 않습니다. 양 쪽의 우월감은 같습니다. 죄나 무죄로 우리는 더 큰 힘들에게 헌신하지 않는다고 하면서, 그 힘들 위에서 그 힘들에게 반항합니다.

그 힘들에게 우리를 종속시키면, 우리의 삶과 죽음은 어떠하게 됩니까? 모든 사람들의 삶과 죽음이 그 힘들에게 의존돼 있어, 우리의 죄나 무죄에 대한 상과 관계없이 각자의 시간에 맞게 삶과 죽음이 그 힘들에 의해 각자에게 배당된다고, 삶과 죽음을 일어나게 하는 그 상황들을 상황대로 존중하면, 우리 자아가 무엇을 상상하고 원하든, 우리는 모든 사람들과 같게 됩니다. 여기에서 우리의 기대들과 소원들 그리고 공포들은 끝납니다. 기대와 소원 그리고 공포 모두 자아 중심에서 오기 때문입니다.

그럼 우리에게 무엇이 있습니까? 모든 것이, 구별 없이 우리에게 있습니다. 우리가 누구나 또는 무엇과도 절연돼 있지 않기 때문입니다. 무엇보다 우리는 여기에서 모든 사람들과 함께 선과 악 너머에서 모든 것이 움직이는 대로 모든 것을 움직이는 힘들에 의해 움직여지고 안겨지게 됩니다. 그렇기에 그 힘들은 모두에게 똑같은 호의로 향하고 있습니다. 어떻게? 그들인 그대로 바로 그대로에게 그리고 그들의 운명이 어떠하든 호의로 향하고 있습니다. 그들이 선하거나 악하거나, 크거나 작거나, 선택받았거나 저주받았거나 상관하지 않고 자아와 생명 그리고 죽음 너머에서 향하고 있습니다.

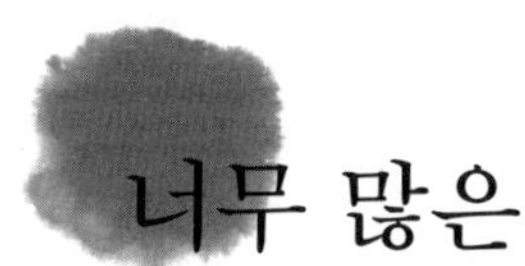

너무 많은

무엇이 우리에게 너무 많습니까? 우리 힘들을 넘는 것은 우리에게 너무 많습니다. 우리가 기다리는 어떤 것도 우리에게 자주 너무 많습니다. 그럼 다른 사람들에게도 너무 많게 됩니다. 그렇습니다. 정도(程度)를 넘는 모든 것은 너무 많습니다.

정도는 상황에 의해 결정됩니다. 시간과 공간 그리고 우리에게 이 순간 주어진 가능성인 상황에 의해 결정됩니다.

정도 아래에 있는 것도 너무 많습니다. 다른 방향으로 너무 많습니다. 곧, 우리 기대들을 알맞은 정도 아래로 내리면, 너무 많다는 것입니다.

옳은 정도를 벗어나는 모든 것은 너무 많습니다. 그럼 우리뿐 아니라 다른 사람들에게도 너무 많게 됩니다.

너무 많은 것은 우리와 다른 사람들을 자유롭지 못하게 합니다. 옳은 정도에서는 모든 것이 조정(調整)됩니다. 어떤 요구들이나 조건들 그리고 어떤 의지나 의무도 없이 조정됩니다.

옳은 정도는 사랑의 정도이기도 합니다. 이 정도는 한편에서는 단념을 하게 하지만, 다른 편에서는 자유로운 공간을 생기게 하여, 그 공간 안에서 모두는 자신을 좋게 하는 것을 위해 자유롭게 움직일 수 있습니다. 모두는 자신이 하는 모든 것에서 뿐만 아니라 하지 않는 모든 것에서 의욕과 기쁨을 갖습니다. 새로운 것을 위해 모두는 충분한 여유를 갖습니다.

많은 사람에게 생명이 너무 많게 되기도 합니다. 그들은 삶에 싫증을 냅니다. 또 어떤 사람은 다른 사람들의 생명에 — 그리고 그들의 행복에 싫증을 내기도 합니다.

우리에게 없는 것을 우리가 바라면, 우리에게 너무 많게 됩니다. 우리가 갖고 있지 않는 것을 우리는 바랍니다. 우리가 갖고 있는 것을 우리는 바랄 필요가 없습니다. 우리는 우리가 갖고 있는 것을 확실히 믿고 의지합니다.

문제는, 우리가 갖고 있는 것이 우리에게 충분합니까? 충분은 너무 많거나 너무 적은 게 아닙니다. 무엇보다 우리에게 선물로 주어진 생명과 행복은 충분합니다.

충분한

우리는 결코 많은 것을 실컷 받지 못합니다. 예를 들면 새로운 통찰들이나 충만한 힘입니다. 우리는 끊임없이 배울 수도 있습니다. 배움이 우리를 살게 하며 생명의 완성으로 이끕니다.

다른 것에서는 충분하기에, 우리는 금방 싫증이 납니다. 임무나 일 등입니다. 우리는 쉬면서 새로운 힘을 얻어야 합니다.

여기 싫증이 난다는 말은 '여기까지가 한계다. 더 이상 안 된다' 입니다.

충분하면 우리는 안도의 숨을 쉽니다. 여기에서 어떤 것은 끝나고 새로운 것이 앞에 기다립니다. 그렇기에 우리는 자주 어떤 것이 충분하길 기다립니다. 새로운 인생을 준비하면서 기다립니다. 예를 들면 시험에 합격하면, 새로운 것이 가능하게 됩니다.

무엇보다 어떤 것이 너무 많으면, 우리는 싫증을 냅니다. 날마다 해가 내리쬐면 견디기 어렵습니다. 우리는 다시 보통 날로 돌아오길 기다립니다. 평상의 정도를 벗어나는 모든 것은 쉽게 너무 많게 됩니다. 행복도 마찬가지입니다.

불행에서도 우리는 금방 싫증을 냅니다. 그럼 우리는 '이제 됐어' 라고 말합니다. 싫증이 나기에 우리는 새로운 힘들을 모읍니다. 그리하여 우리는 불행을 벗어납니다.

무엇보다 우리는 일시적인 것에서 싫증을 냅니다. 우리는 더 원합니다. 우리는 영속하는 것을 원합니다. 그것이 영속하기에 우리는 결코 싫증을 갖지 않습니다.

만족滿足하는

만족이란, '내가 갖고 있는 것과 나는 평화롭다'입니다. '나를 만나는 것과 나는 평화롭다'입니다. '나는 나인대로의 나에게 평온하다'입니다.

만족이란, '나는 다른 사람들이 그러하는대로 그들과 평화롭다' 입니다. '나는 내 주위와 존재하는 대로의 세계와 세상에서 평온하다'입니다.

무엇보다 나는 나에게 선물로 주어진 생명과 생명이 나에게 요구하는 것에도 나는 만족합니다. 그리고 생명이 나에게 주게 되는 것에도 나는 만족합니다.

이렇게 만족하는 나는 정신 차려 있습니다. 정신 차려 나에게 그리고 존재하는 모든 것에게 존재하는 대로 정신 집중합니다. 그리하여 나는 내 힘에 머물러 모든 것과 평화롭게 있는 힘을 갖습니다.

만족하기에 나는 적은 요구들을 갖습니다. 무엇 때문에 요구를 갖겠습니까? 나는 이미 모든 것을 갖고 있는데. 나는 모든 것을 보고 그에 기뻐하기만 하면 됩니다. 내가 무엇을 더 원해야 합니까?

만족하기에 나는 다른 사람들에게 적은 기대들을 갖습니다. 오직 날마다의 생활과 일상의 행복이 이뤄지는 기대들만 갖습니다. 그렇기에 다른 사람들은 나에게서 자신으로 확실하게 있습니다. 자신들의 행복과 자신들이 갖고 있는 것을 흔들리지 않고 믿습니다.

만족하기에 나는 누구와도 다툴 필요가 없습니다. 그는 자신이 갖고 있는 것을 가져도 되고, 자신인 대로 있어도 됩니다.

그럼 결국 만족은 우리를 어디로 이끕니까? 나는 모두인 대로 모두를 사랑합니다. 나는 창조인 대로 창조를 사랑합니다. 나는 나인 대로 나를 사랑합니다.

이 사랑은 존재하는 대로 존재하는 모든 것의 근원과 공명에 있습니다. 이 사랑은 신과 평화롭게 있습니다.

작은 것들

가끔 우리는 말합니다. "작은 것에 함정이 있다." 작은 것은 결코 작은 게 아닙니다. 작지만, 결정적인 것이 작은 것에 달려 있습니다.

우리가 작은 것들에게 그에 맞는 중요성을 기울이면, 특히 관계들에서, 작은 것들은 우리를 그렇게 어렵게 하지 않습니다. 말할 가치도 없는 작은 것들에서 관계들이 힘듭니다.

무엇이 이 작은 것들을 그렇게 크게 만듭니까? 우리 자아입니다. 작은 것들에게 위협받는다고 느끼는 우리 자아가 작은 것들에게 의미를 줍니다.

작은 것들이 작게 있도록 우리가 어떻게 하면 됩니까? 우리는 우리 자아를 작은 것들에게서 물러나게 해, 다른 관계에서, 우리 저 깊은 내면에서, 요구되는 안전을 얻습니다. 이 안전은 더 큰 어떤 것에서, 영적인 어떤 것에서 옵니다. 우리 자아는 이 큰 것이 모든 것과 똑같은 호의로 향하고 있다는 것을 인식합니다. 자아가 넘겨져 위협받는다고 느끼는 것에게도 호의로 향하고 있다는 것을 인식합니다.

관계에서의 작은 것들을 둘러싼 싸움은 각자의 경계를 지켜줍니다. 다른 사람이나 물건과 거리를 두게 합니다. 그렇기에 어떤 상황에서 싸움이 발생하는가는 그렇게 중요하지 않게 돼, 작은 것들은 중요하게 됩니다.

다른 길은 함께 이 경계들을 넘어 다른 차원으로, 우리 모두를 똑같게 안고 가는 힘과 연결되는 차원으로, 가는 것이겠습니다. 그 힘의 움직임 앞에서 우리 경계들은 없어집니다. 그 움직임은 우리 각자를 각자의 방법으로, 그럼에도 모두를 모두와 함께, 그 움직임에 데려가기 때문입니다.

여기에서는 모든 것은 똑같이 크고 작습니다. 우리와 다른 사람들도 똑같이 크고 작습니다. 무엇보다 우리는 여기에서 똑같게 사랑받고 안전하게 있습니다.

개개의

개체로서 우리는 절연되게 느낍니다. 개체로서 우리는 다른 사람들과 다르게도 느낍니다. 우리는 받아들여지거나 거절되게, 혹은 귀속되거나 제외되게 느낍니다. 어떠하든 우리는 우리 자신을 다른 사람들과 다르게 느낍니다.

우리 몸과 그 분명한 경계로 우리는 우리가 바꿔질 수 없게, 다른 사람들과 다른 개체임을 압니다.

그럼 우리 느낌들은 어떠합니까? 느낌들도 홀로입니까? 혹 우리는 느낌들로 다른 사람들과 함께 녹을 수 있지는 않습니까? 예를 들면 사랑에서, 혹은 함께 열광이나 분노에서 녹지는 않습니까?

여기에서 우리는 가끔 다른 것에 우리를 잃습니다. 우리 자신의 경계들을 잃어 우리 자신을 벗어납니다. 그런 후 다시 우리 자신으로 돌아와, 다시 홀로 있기에 가벼워 합니다.

우리가 다른 사람을 개체로 만나면 다릅니다. 서로 상대의 경계들을 존중하면서, 그리고 그 경계들을, 서로 관계하면서도 개체로 있어도 되도록 넘으면, 다릅니다. 가끔 우리는 관계에서도, 관계가 잘 되게 하는 새로운 힘들을 모으기 위해 서로로부터 휴식이 필요합니다.

신이란 단어 뒤에 어떤 신비가 감춰져 있든, 신 앞에서도 우리가 개체입니까? 우리가 신을 인간관계에서처럼 나와 너로 보는 한 그렇습니다. 우리가 신 앞에 개체이며, 신이 우리에게 개체인 것처럼 우리가 신과 절연되게 우리를 경험할 수 있습니까? 혹 신에게 우리를 헌신함으로 우리 자아는 신에게 녹아, 우리는 그 안에, 그는 우리 안에 있기에, 신은 우리와 더 이상 구별될 수 없게 되지는 않습니까?

여기에서 우리는 단번에 온전합니다. 우리 자아와 우리 경계를 넘어 온전하게 전체입니다. 우리가 신 안에서 모두와 함께 우리의 완성을 경험하기에 그렇습니다. 그렇기에 온전보다 더 많습니다. 신 안에서, 신과 함께 다른 모두와 하나이기에 전체입니다.

거리

거리를 두기 위해 우리는 어떤 사람이나 물건으로부터 물러서 사이 공간을 만듭니다. 거리를 두어야 우리는 다른 사람들이나 다른 것을 더 잘 지각합니다.

거리를 둬, 다른 사람들이나 다른 것을 지각했으면, 우리는 무엇을 합니까? 그저 거리를 두고 있습니까? 혹 다른 움직임이 시작하지는 않습니까? 우리로부터 그들로, 그들로부터 우리에게로 다른 움직임이 시작하지는 않습니까? 정말 지각된 것은 서로를 향해 움직이기 시작합니다. 왜 그렇습니까? 오직 사랑으로 지각된 것만이 정말 지각되어졌기 때문입니다. 그렇기에 사랑으로 지각된 것만이 거리를 쉽게 극복할 수 있습니다. 물론 존중이 언제나 함께 합니다.

우리와 신, 모든 것이 자신의 존재를 갖는 이 창조적인 정신, 사이에 가장 넓은 거리가 있다고 많은 사람들은 생각합니다. 그런데 모든 것이 신으로부터 자신의 존재를 갖는다면, 어떻게 모든 게 신과 거리를 두고 있을 수 있겠습니까? 우리와 신 사이에 있는 관계보다 더 긴밀한 우리 관계가 있을 수 있습니까? 신과 신에 의해 자신의 존재를 갖는 것 사이에 어떻게 거리가 있을 수 있습니까? 모든 게 오직 신과 가장 깊이 연결돼 있을 뿐만 아니라 서로도 연결돼 있지는 않습니까?

그렇다면 어디에서 우리가 가끔 찾고 필요로 하는 거리가 우리에게 옵니까? 우리가 이 창조적인 힘들 앞에서 같고, 우리인 대로 그 창조적인 힘들에 의해 원하여지는데도, 무엇이 우리를 서로 떼어놓습니까?

다른 사람들이 우리에게 맞선다고, 또는 맞설 수 있다고 하면서, 다른 사람들에 대해 자기주장을 해야 한다고 우리가 생각하기에 거리가 옵니다. 우리가 똑같이 우리 존재의 근거를 그 창조적인 힘에 갖고 있기에, 우리가 봉사하는 이 창조적인 힘에 맞서지 않고, 어떻게 우리가 다른 사람들에게, 그리고 다른 사람들이 우리에게 맞설 수 있겠습니까?

그럼 우리가 어떻게 이 거리를 극복합니까? 우리 모두를 사랑으로 움직이는 영적인 정신에 우리를 헌신함으로 극복합니다. 우리로 하여금 거리를 두게 하며, 떼어놓는 것은 결국 우리 자아이기 때문입니다. 우리가, 우리 자아가, 녹을 거라는 공포가 우리를 떼어놓습니다. 무엇이 정말 녹습니까? 녹는 것은 우리 자아입니다. 우리 자아가 녹으면, 우리와 이 창조적인 움직임 사이의 거리도 녹습니다. 그리하여 우리와, 우리 모두를 함께 안고 있는 창조적인 움직임 사이의 사랑을 방해하는 모든 것도 녹습니다.

이 창조적인 움직임에서는 모든 것이 함께 합니다. 우리와 다른 모두도 함께 합니다. 이 움직임에 헌신함에서 모두는 그 움직임뿐만 아니라 모든 것과 하나입니다. 자아도, 거리도 없는 이 사랑에서 모두는 하나입니다. 이 경계들이 우리 자아에 의해 단지 생각되어졌기에 그리고 자아와 함께 그 경계들이 무너지기에, 영원히 무너지기에 그렇습니다.

경계 없는

왜 우리는 우리에게 경계들을 세웁니까? 누가 혹은 무엇이 우리에게 경계들을 세웁니까? 경계들 밖에서 우리를 기다리는 것에게 우리가 공포를 갖기에, 우리는 경계들을 세웁니다. 경계를 세움으로, 우리는 경계 밖에서 작용하는 넓이로부터 우리를 지킵니다. 우리가 아직 그 넓이만큼 성장하지 못함을 우리는 느낍니다.

우리 안의 무엇이 우리에게 경계들을 세웁니까? 우리 마음이 이 경계들을 세웁니다. 이 경계들 안에서만 우리 마음이 있을 수 있기 때문입니다. 이 경계들 안에서만 우리는 안전하게 느낍니다. 오직 이 경계들 안에서만 우리는 강하게 그리고 힘 있게 있습니다.

모든 것을 창조하는 영의 움직임이 우리를 데려가면 다릅니다. 영에게는 어떤 경계도 없기에, 그 움직임 안에 있는 우리에게도 경계가 없습니다. 이 움직임에서 물론 우리 마음은 우리 뒤에서 제한돼, 안전하게 머물러 있는 데 반해, 영의 움직임은 우리를 경계 없는 어떤 것으로 데려갑니다. 그때 영의 움직임은 우리의 경계들이나 우리 마음의 두려움들을 돌보지 않습니다. 영의 움직임들에게는 언제나 오직 모든 것, 경계 없이 모든 것이 있기 때문입니다.

우리 경계에 도달했다고 생각되면, 우리는 어떻게 합니까? 우리는 우리 경계들을 영의 빛에 가져옵니다. 그 움직임의 빛에 가져옵니다. 그러는 동시에 우리는 이 경계들을 넘어 영의 움직임에 우리를 헌신함으로 갑니다. 모든 두려움들을 우리 뒤에 놓으면서 헌신으로 갑니다. 우리는 우리 마음의 두려움들을 이 헌신으로 데려갑니다. 경계 너머 넓이로 데려가, 우리는 우리 자아와 우리 마음 없이 우리 안에 있는 모든 것을 경험합니다.

무엇이 이 움직임을 우리에게 허락합니까? 우리가 다른 모든 것도 경계 없이 경험할 때, 그리고 모든 것의 경계가 우리에게 무너질 때, 그리하여 모든 것과 함께 우리가 이 경계 없는 움직임에 의해 영적인 정신의 사랑으로 데려져 갈 때, 움직임은 우리에게 허락됩니다. 여기에서는 모든 경계가 무너집니다. 여기에서는 자아와 마음이 더 이상 없기 때문입니다.

중심

바퀴에서 바퀴살이 모이는 부분처럼, 어떤 것의 가운데를 우리는 중심이라고 부릅니다. 어떤 것은 이 중심을 두고 돌아 중심에 의해 방향을 잡고 움직여집니다. 다른 모든 것은 그 주변에서 움직입니다.

그렇기에 우리는 중요한 문제나 질문 그리고 중요한 결정이라고 어떤 것을 명명합니다. 또는 결정적인 통찰이나 결정적인 오해라고 말하기도 합니다. 또 중요한 사건도 있습니다. 우리에게 이 중요한 사건은 우선 출생과 결혼입니다.

사지에서 살아남도 결정적인 사건에 속합니다. 그 사건을 통해 우리는 생명을 새로 선물로 받습니다.

많은 것을 연결하는 것도 중심입니다. 많은 작은 것이 함께 모이는 어떤 것도 중심입니다. 관청이나, 조직의 중심인 이사회, 당연히 국가의 정부도 있습니다. 그럼 우리는 중앙관청이라고 부릅니다.

그와 마찬가지로 우리는 중심 느낌들을 갖습니다. 사랑과 미움 그리고 무엇보다 공포입니다. 공포는 가장 강한 힘들을 불러일으킵니다. 그렇기에 가장 큰 공포를 일으킬 수 있는 사람은 가장 큰 영향력과 힘을 갖습니다. 공포를 불러일으키게 하는 사람은 여러 분야에서 여러 가지로 전쟁을 일으키게 합니다.

그렇기에 우리 삶과 행복을 위해 중요한 것은 우리에게서 두려움을 데려가는 것이겠습니다. 그리하여 우리는 두려움을 넘어 두려움을 우리 뒤로 합니다.

죽음에의 두려움이 가장 큰 두려움입니다. 이 두려움은 우리의 생존본능에서 옵니다. 이 두려움을 벗어나기 위해 우리는 모든 것을 합니다. 그렇기에 이 두려움은 생명에 봉사합니다.

이 두려움에서는 우리 자신의 생명이 가장 중심에 있습니다. 우리가 우리 생명으로 다른 생명을 사랑한다면, 어떻게 사랑하든, 다릅니다.

우리에게 중심인 것에서 우리는 넓이로, 생명의 충만으로, 중심과 주변을 구별하지 않고 움직입니다. 이 넓이에서는 경계와 함께 두려움도 끝납니다. 충만에서는 내 자아와 내 자아와 관계되는 것도 끝납니다. 여기에서 우리는 중심 없이 놓습니다. 그리고 우리를 넓힙니다. 사랑으로 넓힙니다.

10장

언제나 바라봄이 있습니다.

| 마리아 릴케의 두이너저의 네 번째 비가에서 |

미래

미래는 미리 알립니다. 미래는 지금의 어떤 것을 자신에게 끌기 때문입니다. 그 끄는 힘으로 미래는 어떤 것이 나타나기 전에 어떤 것을 움직이게 합니다. 미래는 지금 이미 작용하고 있습니다.

그렇기에 미래는 오직 우리에게만 멀리 있습니다. 실제로는 이미 거기 있습니다. 그렇지 않다면 미리 알릴 수 없겠습니다.

시간 안에서 생각하는 우리에게 미래는 우리 앞에 있습니다. 그런데, 이미 생각되어지지 않는 하나의 미래가 어떻게 있을 수 있겠습니까? 어떻게 어떤 것이, 모든 면과 모든 관계에서 이치에 맞게 많은 것을 동시에 움직임에 오게 하는 어떤 것이, 오는 대로 이미 올 수 있게 생각되어지지 않은 어떤 것이, 올 수 있겠습니까?

그렇습니다, 이 미래는 우리의 시간 너머에 있습니다. 미래가 우리 시간 앞에 이미 거기 있기 때문에, 완성돼 거기 있기 때문에, 미래는 시간 안에서 자신을 실현합니다.

오면서 이미 거기 있을 수 있는 미래가 누구에 의해 그렇게 생각되어졌습니까? 미래는 우리가 보기에 쉬지 않고 자신을 실현하는 창조적인 힘에 의해 생각되어졌습니다. 창조적인 힘이 모든 것을 동시에 생각하기에, 그 힘에게는 어떤 것도 더해지거나 벗어날 수 없습니다.

그럼, 우리는 미래와 어떻게 관계합니까? 우리는 미래가 이미 거기 있는 것처럼 미래를 만납니다. 우리는 우리 상상에서 시간을, 창조적인 힘에 의해 시간이 간직된 것처럼, 간직합니다. 곧 우리는 미래가 이미 지금 자신의 힘을 실현하도록 합니다. 우리는 이미 지금 미래에 의해 하나의 경계 너머로 이끌립니다. 상과 힘으로서 미래는 이미 거기 있습니다, 미래는 이제 자신을 나타내기만 하면 됩니다. 예를 들면 병이 낫는 것입니다.

병이 미래에 낫는다고 기대하는 대신에, 이미 거기 있는 것처럼, 지금 벌써 우리 안에 자리를 주면, 어떻게 작용하는가, 우리는 우리 안에서 검사할 수 있습니다.

생각되어진, 지금 생각되어진 미래는 옵니다. 누구에 의해 생각되어진 미래입니까? 미래를 언제나 생각한 힘에 의해 생각되어진 미래는 옵니다. 그리고 그 힘과 함께 지금 우리가 생각하는 미래도 옵니다. 어떻게? 확신으로.

더 적게

더 적게가 가끔 더 많습니다. 왜 그렇습니까? 우리 자신의 더 적게로 다른 사람들에게 자신들의 더 많게를 가능하게 하기 때문입니다. 그리하여 우리는 그들을 얻고, 그들은 자신들의 공헌으로 더 많게를 얻습니다.

그렇기에 자주 우리의 삼가는, 공동의 일에 우리 자신을 내세우는 것보다 더 많게가 되게 합니다.

여기에서 특히 무엇을 생각해야 합니까? 모두는 각기 다르게 이끌립니다. 무엇보다 누군가가 모두에게 같게 호의로 향하고 있는 움직임과 공명에 오는 것을 배웠다면, 모두 다르게 이끌립니다. 그리하여 그가 그 움직임에 의해 이끌려 안겨가는 모두를 특별하게 공동의 전체를 위해 봉사하게 한다면, 모두 다르게 이끌립니다.

우리가 그렇게 삼가며 더 적게 되면, 전체는 우리를 넘는 창조적인 정신의 또 다른 이끎과 섭리를 통해 모두를 포함하는 방법으로 그 창조적인 정신과 연결돼 그 정신에 봉사하게 됩니다.

그렇기에 더 적게에서 우리는 모든 것을 자신의 방법으로 자신에게 봉사하게 하는 이 움직임에 우리를 넘깁니다. 그리하여 그 움직임은 우리와 다른 사람들을 봉사하게 데려갑니다. 이제 우리는 우리를 훨씬 넘는 움직임에 순응하는 동시에 우리 자신의 한계에 머뭅니다.

이 움직임에 우리를 헌신함으로 우리는 밖으로는 더 적게이지만, 내면으로는 비교할 수 없이 더 많게가 됩니다. 왜 그렇습니까? 영적인 정신이 이끎을 떠맡기 때문입니다. 오직 그 홀로.

대용

대용품은 더 적습니다. 본래의 것을 대신하기 때문입니다. 본래의 것은 더 가치가 있게 보이지만, 제 시간에 가질 수 없습니다. 대용품은 귀하게 된 것을 대신합니다.

대용품은 본래의 것보다 더 넓은 폭을 갖습니다. 대용품은 쉽게 가질 수 있지만, 본래의 것만이 줄 수 있게 보이는 것과 같은 것을 줍니다.

대용품은 어떤 의미에서 본래의 것의 가치를 떨어뜨립니다. 본래의 것이 없어도 되게 하여 자주 같은 좋은 것으로 나타나기도 합니다. 자주 본래의 것보다 아주 쌉니다.

시간이 흐르면 대용품이 본래가 하는 역할을 넘겨받습니다. 대용품은 본래의 것을 어떤 의미에서 필요 없게도 만듭니다. 대용품이 본래의 것과 연결돼 있고 자신의 가치가 본래의 것에서 왔어도 본래의 것을 필요 없게 만듭니다.

대용품은 스스로 본래의 것이 아니면서, 본래의 것에 대해 말하면서 자신의 가치를 얻습니다. 본래의 것을 존경함으로, 본래의 것을 좋게 대신합니다. 자신이 본래의 것의 대용품이라는 것을 대용품은 압니다.

그럼에도 본래의 것이 오직 제한돼 쓸 수 있기에, 대용품은 본래의 것 자리를 차지합니다. 오직 대용품을 통해서만 본래의 것은 대용품이 없으면 본래의 것에 접근할 수도 없을 뿐만 아니라 본래의 것과 연결될 수도 없는 많은 것에 닿습니다.

대용품은 본래의 것에 봉사하여 본래의 것이 계속 작용하게 합니다. 언제나 같은 방법은 아니지만 본래의 것에 봉사합니다.

본래의 것은 어떻게 대용품을 바라봅니까? 본래의 것은 대용품을 축복합니다.

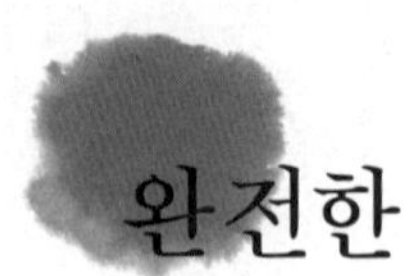

완전한

완전은 잠정적입니다. 완전한 것도 아직 완성되지 않아 움직이기 때문입니다.

어떤 것이 어떤 일이 잘 되도록 봉사하면, 그 어떤 것은 완전합니다. 그렇게 이뤄진 것도 완전합니다.

완전한 것에 나타나는 새것과, 새로운 어떤 것을 요구하는 다른 것은 이제까지의 완전한 것을 알아주지 않습니다. 그리하여 이제까지의 완전한 것은 금방 낡은 것으로 드러납니다. 옛것이 우리에게 그렇게 완전하게 나타났다 할지라도, 옛것은 얼마 있으면 새것을 충족시키지 못하기에 뒤에 남습니다. 옛것이 그렇게 중요했어도, 그것은 새것의 입장에서 보면, 넓어져야 하기에 불완전합니다.

완전한 것은, 완전한 것을 존중하면서도 새로운 어떤 것을 오게 하는 이 다른 움직임에 자신을 넘깁니다. 그리하여 그 움직임은 이제까지의 완전한 것을 존중하지만, 계속 가게, 데려갑니다. 그럼으로써 완전한 것은 계속 존속합니다. 제한된 시간에 완전하게, 그러나 여러 면에서 계속 작용하기에 새것에서 녹아, 완전하게 녹아, 계속 존속합니다.

동정심

내가 누군가에게 동정심을 가지면, 나는 그와 함께 괴로워합니다. 그의 고통이 내 마음에 와 닿아, 나도 그와 함께 괴로워합니다. 이 동정심은 사랑입니다. 같은 사람으로서의 사랑입니다. 내 동정이 다른 사람의 고통을 가볍게 합니다. 그는 홀로 괴로워하지 않습니다.

내가 이렇게 그와 함께 괴로워하면, 나에게 무엇이 생깁니까? 나도 더 인간적이 됩니다. 내게도 그런 고통이 닥칠 수 있기에, 다른 사람이 나와 함께 괴로워하며 내게 인간적인 사랑을 보인다면, 내 고통이 더 가벼워질 거라는 것을 나는 압니다.

다른 사람에게 안됐다 하면서, 그와 함께 같은 사람으로서 괴로워하는 대신, 그를 불쌍히 여기는 것은 다릅니다. 그를 불쌍히 여기면 그는 더 힘들어 합니다. 내가 그를 불쌍히 여기기에, 그는 홀로 남습니다. 내가 그를 불쌍히 여김으로, 그의 고통에 나는 나를 열지 않고 닫습니다. 내가 그를 불쌍히 여김이 그를 작게도 만듭니다. 마치 그가 자신의 고통으로 가치 없는 사람이어서, 그렇기에 불쌍히 여김을 받아야 하는 것처럼 합니다.

그의 고통이 마치 있어서는 안 되는 것처럼 하면서, 그의 고통을 좋지 않게 여기면, 더 나쁩니다. 이 순간 우리는, 그 고통을 통해 그를 완성시키는 어떤 것으로 그를 데려가는 영적인 움직임과 그의 고통과의 관계를 거절합니다.

가끔 불쌍히 여김과 동정심 뒤에는 모든 것을 이끄는 영적인 힘에 대한 비난이 숨어 있습니다. 그럼 우리는 말합니다. 어떻게 신이 그렇게 놔둘 수 있었을까! 그러는 동시에 우리에게도 그런 고통이 닥칠 수 있다고 두려워하며, 우리를 신이 홀로 두거나 신에 의해 벌을 받을 거라고 느낍니다.

또 다른 동정심도 있습니다. 다른 사람의 고통을 견디지 못하기에, 우리는 정말 공감하지 않고, 어떤 것을 하려고 합니다. 예를 들면 정말 그와 함께 괴로워하지 않고 그를 위로하려 합니다. 또는 우리는 허둥대면서 도우기 위해 모든 가능성을 시도합니다. 그러나 진정으로 그를 도우기 위한 힘이나 통찰이 없는데도 그저 시도합니다. 무엇보다 그를 도우려고 하면서 우리는 정말 괴로워하지 않으려고 합니다. 그와 함께 정말 괴로워하다 않으려고 합니다.

그의 곁에 있는, 오직 말없이 그의 곁에 있는 동정심도 있습니다.

우리는 그의 곁에 그를 위해 있습니다. 같은 사람으로서 거기 있습니다. 우리는 그의 고통을 심각하게 받아들입니다. 우리를 위해서도 그의 고통을 심각하게 받아들입니다.

이러한 동정심은 우리를 더 큰 힘들과 연결합니다. 그 힘들과 공명에서 우리는 가끔 압니다. 정말 도우기 위해 우리가 무엇을 해야 하는가를 압니다. 이 더 큰 힘들과 공명에 있는 우리 동정심은 우리에게 방법을 찾게 하여, 고통스러워하는 사람들에게 희망을 주게 하는 방법으로 우리를 함께 가게 합니다. 그럼 그는 고통을 넘어 성장하여, 고통을 다르게 만날 수 있게 됩니다. 고통을 견디게 할 수 있을 뿐만 아니라, 고통이 더 좋은 것으로 되게도 합니다.

이 동정심은 행동하는 동정심입니다. 사랑이 함께 하는 동정심입니다. 마지막도 함께 짊어질 수 있게, 마지막으로 이끄는 사랑입니다.

제 생애에 걸쳐 저와 함께 하는 말씀이 있습니다. 고통을 전혀 받지 않은 사람이 도대체 무엇을 알 건가? 이 말씀은 동정심과도 통합니다. 동정심은 우리를 더 알게 합니다.

내 몸

내 몸이 마치 내 앞에 있는 것처럼 나는 내 몸을 경험합니다. 그렇기에 나는 말할 수 있습니다. 내 몸이라고. 내 앞에 있는 너처럼 나는 내 몸을 다른 사람으로 경험합니다. 내 몸을 나는 너처럼 경험합니다. 네가 잘 되라고 할 수 있는 것처럼 나는 내 몸을 사랑에 차 다룹니다. 내가 너를 등한시하여, 네 소원과 욕구에 주의를 기울이지 않을 뿐 아니라 너를 아프게 하며 해를 입히는 것처럼 나는 내 몸에게도 똑같게 대합니다.

이 태도는 기이합니다. 내 몸은 밤이나 낮이나 언제나 나를 위해 있기 때문입니다. 내 몸은 내가 살아 있을 수 있도록 언제나 움직임에 있습니다. 내 몸은 내가 언제나 기분 좋게 있도록 보살핍니다. 어느 누가 이와 비슷하게 나를 보살폈습니까? 내가 지금 살아 있기 위해 도움이 필요했을 때, 누가 언제나 나를 위해 거기 있었습니까? 내 어머니입니다.

우리 어머니에 대한 우리 태도와 생각은 우리 몸에 대한 우리 태도에서, 우리 영혼에서 그리고 우리 생각에서 나타납니다. 어머니가 수십 년 동안 주고 선물하신 것을 사랑으로 받아가짐으로, 우리는 우리 몸으로부터도 몸이 주고 선물하는 것을 사랑으로 받아갖습니다. 우리 어머니에게 어머니인 대로 기뻐하는 것처럼, 우리는 우리 몸에게도 우리 몸인 대로 기뻐합니다. 어머니가 우리에게 사랑으로 주신 그 모든 것에 고마워하며, 그 고마움을 기꺼이 표현하여, 어머니가 우리 도움이 필요하면 우리가 어머니를 기꺼이 간호하는 것처럼, 우리는 우리 몸에게도 그렇게 합니다.

반대로, 어머니를 거절하면 우리 몸도 거절합니다. 어머니가 도움이 필요했을 때 어머니를 돕지 않았으면, 우리 몸과도 그렇게 합니다. 어머니를 거부했거나 등한시했으면 우리 몸과도 그렇게 합니다.

우리 어머니에게 대한 태도로 우리는 우리 몸을 대합니다. 우리 몸에 대한 생각은 우리 어머니에 대한 생각과도 같습니다.

어떻게 하면 우리 몸이 편합니까? 어떻게 하면 우리 몸이 우리의 사랑과 우리의 온 주의를 경험합니까? 어머니가 기대하고 어머니에게 지당한 사랑을 우리로부터 어머니가 경험하면 됩니다. 어머니가 우리 마음에 어머니에게 지당한 자리를 우리 전 생애에 걸쳐 차지하면, 어머니가 어떠하신 것처럼, 우리 몸도 그렇습니다.

그럼, 우리는 우리 몸과 우리 어머니에게 말합니다. 당신은 나를 위해 그리고 나는 당신을 위해 거기 있습니다.

건강

건강은 질서와 공명과 어떤 관계에 있습니다. 질서란, 모든 것이 제자리에서, 많은 것과 함께 작용할 수 있게 작용하여, 각자가 특별하게 다른 모든 것과 공명에 있는 것입니다.

몸의 건강은 우리 몸을 살게 하는 모든 움직임들이 함께 작용한 결과입니다.

이와 비슷하게 우리는 그룹에서도 느낍니다. 그룹 구성원이 각자의 방법으로 전체가 기분 좋게 하기 위해 함께 노력합니다. 함께 노력한다는 것은, 첫째 각자가 필요하고 할 수 있는 만큼 서로 주고받는다는 것입니다. 여기에서도 질서는 중요한 역할을 합니다. 모두는 그룹이 정해준 자신의 자리를 차지합니다.

가정에서도 부모는 부모로, 자녀는 자녀로 있습니다. 자녀들 사이에서는 첫째는 첫째로, 둘째는 둘째로 머뭅니다. 가정에서는 무엇보다 주는 사람은 부모이고 받는 사람은 자녀입니다. 각자는 오는 대로 사랑으로 주고받습니다. 그럼 모두는 제자리에서 기분 좋게 느낍니다.

누군가가 제자리를 벗어나자마자, 예를 들면 자신의 자리에 맞지 않는 것을 가져가면, 질서가 방해받아 모두의 건강도 방해받습니다. 모두가 건강해야만, 각자도 기분 좋게 느낍니다.

내면의 건강도 있습니다. 몸의 건강을 넘어 우리는 우리 영혼에서도 기분 좋게 느낍니다. 여기에서도 기분 좋음은 질서와 공명에 달려 있습니다. 예를 들면 질서에 맞는 생각들과 질서에 맞는 느낌들에 달려 있습니다.

질서에 맞지 않는 생각들과 느낌들에 반해 무엇이 질서에 맞는 생각들과 느낌들이겠습니까? 맨 먼저 사랑과 존경의 생각들과 느낌들이 질서에 맞는 생각들과 느낌들입니다. 우리가 사랑과 존경에서 벗어나자마자, 예를 들면 우리가 어떤 사람보다 더 잘 났다고 하거나, 누군가에게 책임이나 죄 등 잘못을 지우면 우리의 기분은 좋지 않습니다. 우리에게서 그런 느낌들과 생각들을 알아채는 사람들의 기분도 마찬가지로 좋지 않습니다.

우리가 우리나 다른 사람들을 향해 갖는 염려와 걱정과 근심도 질서에 맞지 않는 생각들과 느낌들입니다. 염려는 두려움이나 공포 등 무서운 생각들과 느낌들입니다. 이 생각들과 느낌들은 우리를 좁게 하여 우리가 염려하는 사람들뿐만 아니라 우리들의 기분도 좋지 않게 합니다.

이 염려나 공포들은 내면의 상들과 관계 있습니다. 그 중 많은 것은 과거에 자리하고 있습니다. 어떤 것이 지나 없어지지 않고 우리 상들에 의해 다시 살아납니다. 이 상들은 우리의 기분을 좋지 않게 합니다. 우리는 과거를 지나게 함으로, 정말 지나게 함으로 과거를 질서에 맞게 둡니다.

과거와 비슷하게 우리는 미래에 대해 걱정하지 않음으로, 미래를 미래이게 합니다. 미래가 오는 대로 미래는 와도 됩니다. 벌써 우리는 우리 영혼과 몸에서 기분이 좋습니다.

영적인 기분 좋음도 있습니다. 몸과 영혼의 기분 좋음을 넘어 가는 동시에, 몸과 영혼에 기분 좋게 작용합니다.

영적인 기분 좋음은 영적인 힘들과 공명에서 옵니다. 모든 것에서 동시에 작용하는 영적인 권력에서 옵니다. 모든 것이 자신의 존재를 그 권력으로부터 갖기 때문입니다. 이 영적인 권력이 모든 것에게 모든 것인 대로 호의와 사랑으로 향하는 것처럼, 우리도 모든 것에게 모든 것인 대로 사랑과 호의로 향합니다. 모든 것은 그 권력이 원하고 사랑하는 대로 오직 그렇게 거기 있을 수밖에 없기 때문입니다. 우리가 이 영적인 권력과 공명에서 모든 것에게 모든 것인 대로 사랑과 호의로 향하면, 우리는 모든 것과 모든 것인 대로 연결됩니다, 사랑으로 연결됩니다. 그럼 어떤 것도 더 이상 우리 기분을 해치지 않습니다. 건강은 결국 연결됨을 아는 것입니다. 모든 면에서 연결됨을 아는 것입니다. 충만한 교환에서 연결됨을 아는 것입니다. 사랑으로.

수입

수입 전에 어떤 것이 먼저 있습니다. 우리와 다른 사람에게 수입을 가져다 준 앞에는 수고가 있습니다. 그렇기에 자신의 노력으로 된 수입입니다. 다른 사람으로부터 오는 다른 종류의 수입도 있습니다. 우리는 그의 수입에 함께 합니다. 수입들로 우리는 생존할 수 있습니다. 음식과 같습니다. 먹지 못하면 죽습니다.

정말로 필요로 하는 수입과 여분의 수입이 있습니다. 가끔 남는 수입도 있습니다. 우리는 그에 맞게 찾아 보관하여, 다른 사람도 참여하게 합니다. 또는 우리는 잘못 사용하기도 합니다. 수입은 노력해서 벌거나, 유산받기도 하며, 선물로 주어지기도 합니다. 가끔 수입이 거절당하기도 합니다. 그럼 우리는 강하게 요구하기도 합니다. 때로는 묻지 않고 갖기도 합니다. 배우자가 주기를 거절할 때 그렇게 합니다. 이런 수입은 주고받음의 범위에서 움직입니다. 우리 관계들에서 교환에 봉사합니다.

이런 수입들을 훨씬 넘어 우리는 어떤 것을 받습니다. 우선 우리 생명이 이런 수입에 속합니다. 생명 전에 우리 편에서는 아무것도 앞서지 않았습니다. 우리가 벌 수 없었습니다. 우리에게 속하지도 않습니다. 그렇기에 어느 누구도 우리 희생으로 생명을 갖거나 요구할 수 없습니다. 누가 어떻게 우리에게 "당신은 제게 생명을 빚지고 있습니다. 그렇기에 제게 당신 생명을 주어야 합니다."라고 말할 수 있겠습니까? 그럼에도 우리는 그런 상황을 많은 가정에서 만납니다. 그것도 서로 그렇게 합니다. 한 편에서는 어머니가 자녀에게 "나를 위해 네 생명을 주거라." 하면서 유산시키거나 양자로 줍니다. 다른 편에서는 아이가 어머니에게 저 깊이에서 "저는 당신을 사랑하기에 제 생명을 줍니다."라고 말합니다. 여기에서는 수입뿐만 아니라 지불도 질서에 반합니다. 어느 누구도 자신의 생명뿐 아니라 다른 사람의 생명을 마음대로 해서는 안 되며 할 수 없습니다. 생명은 우리의 가장 큰 수입입니다. 생명을 우리는 가장 큰 수입으로 받아 우리와 다른 사람들을 위해 사랑으로 그 수입을 줍니다. 우리에게 수입으로 준 어떤 힘 앞에서 외경으로 줍니다. 우리는 이 수입을 고맙게 받습니다. 그 수입으로 어떤 것을 함으로 받습니다. 그리하여 그 어떤 것이 다른 사람들에게 그들의 생명에 봉사하는 수입이 되도록 받습니다.

잊은

여행 가면서 가지고 가려는 물건을 잃었다면, 시간이 있으면, 가져가기 위해 우리는 되돌아옵니다. 다른 사람이 여행 가려고 떠나면, 우리는 묻습니다. "잊은 게 없니?"

누군가가 우리에게서 어떤 것을 잊었다면, 우리는 뒤따라가 전합니다. 또는 포장하여 우편으로 보냅니다.

우리가 누군가에게 어떤 것을 잊고 놔두었다면, 그건 가끔, '나는 다시 오고 싶다'란 말입니다. 우리에게서 누군가가 어떤 것을 가지고 갈 것을 잊었다면, 그는 우리에게 다시 오려는 것을 보입니다. 오직 잊은 것만 가지러 오는 것은 아닙니다.

누군가가 잊힌다면, 다릅니다. 예를 들어 아이가 잊히면, 다른 사람들이 아이를 도와 부모에게 데려갑니다. 잊힘은 두렵게 만듭니다. 다시 연결되기 위해 누구에게 물을지 우리는 자주 알지 못합니다.

누군가가 기다리는 것을 우리는 자주 잊습니다. 가끔 축하하는 것을 우리는 잊습니다. 약속을 우리는 잊기도 합니다.

어떤 것은 잊는 게 자주 적절합니다. 예를 들면 누군가가 우리를 화나게 한 것입니다. 어떤 것이 다르게 되었으면 하고 우리가 원하는 것 등입니다. 뒤를 돌아보지 않고 지나가게 하여, 우리는 가볍게 앞을 바라봅니다. 이 잊음은 새로운 것을 위해 우리를 자유롭게 합니다.

우리는 무엇을 가장 어렵게 잊을 수 있습니까? 우리의 판단(判斷)들입니다. 우리가 어떤 것에 대해 판단하면, 무엇보다 우리가 더 낫다고 또는 어떤 것을 거절하면서 판단하면, 우리는 우리 자신을 판단합니다. 그럼, 우리 안의 어떤 것이 존재하는 대로 존재해서는 안 됩니다.

그렇게 판단하는 것은 우리가 신도 판단한다는 것입니다. 신이란 단어와 상에 우리를 위해 무엇이 감춰져 있든 그렇습니다. 우리의 거절하는 판단으로 우리는 말합니다. 우리가 그렇게 거절하며 판단하는 것은 신으로부터 오는 게 아니라고. 또는 신은 우리에게 나타나는 것과 다르게 그것을 움직였어야 한다고.

우리 판단들을 잊으면, 모든 것은 존재하는 대로 우리에게 존재해도 됩니다. 그리고 우리도 우리인 대로 존재해도 됩니다. 단번에 모든 것이 계속 가는 움직임에 있다고 우리에게 경험됩니다. 당연히 불완전한 움직임으로, 그렇지 않다면 그 움직임은 계속 갈 수 없을 뿐만 아니라 가면 안 됩니다.

우리의 판단들을 잊음으로 우리는 이 움직임과 공명에 머뭅니다. 무엇보다 이 움직임 안에서 우리를 잊기 때문입니다. 이 움직임이 우리를 어디로 이끌든지, 우리를 잊으면서 우리는 이 움직임에 헌신합니다. 그렇게 자신을 잊으면서 우리는 드디어 거기 있습니다. 그 움직임 안에 온전하게 거기 있습니다.

잊음에는 우리가 잊힘도 속합니다. 그래야 우리는 모든 것과 완전하게 하나가 됩니다. 이게 무엇을 뜻하는지, 릴케는 오르페우스를 향한 자신의 마지막 소네트에서 노래합니다. 자신의 죽음에 대해 노래합니다.

멀리 있는 많은 침묵의 친구여 느껴라,
숨이 아직도 공간을 어떻게 넓히는가를.
암흑의 종루(鐘樓)의 뼈대에서 네가 울리게 하여라.
너를 소모시키는 것이
음식 너머 강함이 된다.
변화에서 들어가고 나오거라.
무엇이 너의 가장 고통스런 경험이드냐?
술 마시기가 쓰라리면, 술이 되거라.
명정(酩酊)의 이 밤에

네 감각의 사거리에서 마법의 힘이거라,
기이한 만남인 감각의.
그리고 이 세상의 것이 너를 잊었다면,
침묵의 대지에 말하거라. 나는 조용히 흐른다.
빠르게 흐르는 물에게 이야기하라. 나는 존재한다.

태연泰然

태연이란, 다른 것에 대해 같은 기분이라는 말입니다. 내 기분에 대해서는 내게 같다는 말이기도 합니다. 나는 이것이나 저것에 같은 기분으로 나를 세웁니다. 그렇기에 나는 이것이나 저것 중 하나를 좋아하거나 외면하지 않습니다. 나는 둘에게 같은 기분을 선물합니다. 그렇기에 이것뿐 아니라 저것도 나를 불안하게 하지 않습니다. 나는 둘에게 같게 정신 집중하여 둘과 공명에 있습니다.

내가 모든 것에게 같게 향하고 있으면, 나는 이러한 태연에 옵니다. 여기에서 구별과 같지 않음은 없어집니다.

태연을 통해 나는 차분하게 정신 집중돼 있습니다. 어떤 것도 나의 태연을 방해할 수 없습니다.

태연은 모든 구별이 없어지는 신적인 움직임입니다. 구별은 모든 것을 같게 사랑하는 사랑의 움직임들 사이에 자신을 내세우기 때문입니다.

태연에서 우리는 가장 넓게 사랑의 이 움직임과 하나입니다. 차분하게 하나입니다. 평온하게 하나입니다. 태연하게 하나입니다. 태연에서 우리는 신적인 것과 하나입니다.

꿈들

꿈은 우리를 다른 세계로 데려갑니다. 꿈에서 우리는 우리가 꿈꾸는 것을 가끔 만납니다. 꿈에서 많은 소원이 이뤄집니다. 자주 금지된 소원도 이뤄집니다.

이 꿈들은 대개 낮에 발생한 것과 관계가 있습니다. 낮에 남은 것을 꿈에서 우리는 끝나게 합니다. 잠으로 우리가 다시 힘을 얻는 것처럼, 꿈에서 우리는 다시 힘을 얻습니다. 꿈에 있는 동시에 우리는 땅에 있습니다.

낮에 꾸는 꿈도 있습니다. 이 꿈에서 우리는 바로 우리 앞에 있는 것과 우리를 떼어놓습니다. 지금 우리의 주의와 노력을 요구하는 것으로부터 우리를 떼어놓습니다. 도움이 되는 것으로부터 우리를 떼어놓습니다. 그리기에 백일몽은 이뤄지지 않고 공허합니다. 그래서 격언이 있습니다. 꿈은 일장춘몽이다.

영적인 꿈들도 있습니다. 이 꿈들에서 우리는 영적인 공간으로 이끌립니다. 일상을 넘어 다른 차원으로 이끌립니다. 이 꿈들에서 우리는 다른 힘들에 의해 이끌리게 경험하여, 우리에게 이제까지 감춰져 있던 지시와 통찰들을 우리는 얻습니다. 이 꿈들에서 우리는 가끔 다른 공간으로 이끌립니다. 그 공간에서 치유의 어루만짐을 받아 마치 우리가 고향에 있는 것 같습니다. 꿈에서 이미 우리 본래의 목표에 거의 있는 것 같습니다.

이 꿈들은 일상에서 정신 집중으로 계속 됩니다. 마치 깨어 있는 상태에서도 우리가 두 공간에, 여기와 저기에 동시에 있는 것 같습니다. 더 좋게 말한다면, 저기에 그런데 아직 여기에.

우리가 그렇게 두 공간에서 거닐면, 그 효과는 무엇입니까? 우리는 기이하게도 평온을 경험합니다. 멀리 바라보지 않고, 지금 이미 벌써 충만되게 경험합니다. 이 꿈들은 사실입니다. 이미 지금 실재입니다.

행복

행복은 기다립니다. 지금 기다립니다. 어디에서 행복이 기다립니까? 우리 안에서 기다립니다. 우리는 행복을 우리 안에서, 우리 느낌에서 경험합니다. 우리는 어디에서 우리 행복을 찾습니까? 우리는 우리 안에서 행복을 찾습니다.

먼 곳과 미래에 우리가 찾는 먼 행복은 꿈꾸는 행복입니다. 거기에서 우리는 결코 행복을 만나지 못합니다. 그 행복은 신기루처럼 멀리 있습니다. 멀리 있는 그 행복에 우리가 가까이 가면 갈수록, 그 행복은 계속 멀리 물러납니다. 갑자기 그 행복은 우리 눈앞에서 우리를 벗어나 그림처럼 사라집니다. 그럼에도 언제나 우리 안에서 가까운 행복은, 지금 충만에 찬 이 순간은, 기다립니다.

사랑에서 우리는 행복합니다. 우리가 사랑받는 경험에서 우리는 행복합니다. 우리가 사랑을 받고 주어도 되는 관계에서 우리는 행복합니다. 우리에게 이 행복은, 우리가 자녀로서 우리 부모에게서 경험한 가장 깊은 관계에서 시작합니다. 여기에서 우리는 가장 확실하게 보호받았으며, 가장 확실하게 편했습니다.

이 행복이 지났습니까? 혹 이 행복은 언제나 우리에게 가까이 있지는 않습니까? 이 행복이 아직도 우리를 기다리지는 않습니까? 그리하여 우리가 오직 이 행복을 다시 기억하기만 하면 되지는 않습니까? 우리가 이 행복을 경험했기에, 우리는 살아 있습니다. 우리가 아직도 언제나 이 행복을 경험하기에, 우리는 아직도 언제나 살아 있습니다. 우리 삶에서 이 행복은 그때처럼 아직도 똑같이 생생합니다.

우리가 어떻게 기억해야, 이 행복을 우리는 다시 체험합니까? 우리가 고마움으로 이 행복을 회상하면 됩니다. 우리 부모가 우리에게 기뻐하신 그림을 우리 눈에 그림으로 됩니다. 금방 우리는 다시 같은 기쁨에 있습니다. 부모가 우리에게 기뻐하심과 우리가 부모에게 기뻐함에 있습니다. 우리는 금방 그때처럼 다시 행복합니다.

우리가 이 행복을 사랑으로 기억하면, 이 행복은 우리를 넘어 다른 사람들과의 관계들로 계속 갑니다. 이 행복이 우리 얼굴에서 빛나기 때문입니다. 다른 사람들은 우리 얼굴에서 이 빛남을 보고 우리에게 기뻐합니다. 누구보다 배우자가 우리에게 기뻐합니다.

무엇보다 영적인 정신에서 우리는 행복합니다. 존재하는 모든 것을 존재하는 대로 사랑하는 영적인 정신의 움직임과 공명에서 우리는 행복합니다. 영적인 정신은 이 사랑과 이 행복으로 우리를 자신 안으로 끕니다. 이 행복은 옵니다. 지금 옵니다. 이 행복은 머뭅니다. 언제나 머뭅니다.